意大利与第二次世界大战

—— ITALY IN THE SECOND WORLD WAR ——

[意] 彼得罗·巴多格利奥 ○ 著

张稚敏 ○ 译

中国华侨出版社

·北京·

图书在版编目（CIP）数据

意大利与第二次世界大战 /（意）彼得罗·巴多格利

奥著；张稚敏译. -- 北京：中国华侨出版社，

2025.7

ISBN 978-7-5113-9152-0

Ⅰ.①意… Ⅱ.①彼… ②张… Ⅲ.①第二次世界大

战战役－史料－意大利 Ⅳ.①E195.2

中国国家版本馆CIP数据核字(2023)第226318号

意大利与第二次世界大战

著　　者：[意]彼得罗·巴多格利奥

译　　者：张稚敏

出 版 人：杨伯勋

策划编辑：唐崇杰

责任编辑：张　玉

特约编辑：王　清

经　　销：新华书店

开　　本：710毫米×1000毫米　　1/16开　　印张：18　　字数：238千字

印　　刷：固安兰星球彩色印刷有限公司

版　　次：2025年7月第1版

印　　次：2025年7月第1次印刷

书　　号：ISBN 978-7-5113-9152-0

定　　价：69.80元

中国华侨出版社　　北京市朝阳区西坝河东里77号楼底商5号　　邮编：100028

编辑部：（010）64443056-8013

发行部：（010）64443051　　传　真：（010）64439708

如发现印装质量问题，影响阅读，请与印刷厂联系调换。

彼得罗·巴多格利奥

致敬那些

为抵抗纳粹法西斯暴政

甘心忍受所有苦难

百折不挠

奉献出自己生命的

意大利人民

我谨写下此书

诚愿

我们的祖国

经由烈士的牺牲

再次崛起

序 言

———

我不试图为自己辩护。我写下这本书，是因为我相信，意大利人民有权了解导致国家灭亡的那些事件。凡人干实事，必然会犯下错误。

彼得罗·巴多格利奥

1944年7月于卡瓦德蒂雷尼（Cava dei Tirreni）

目 录

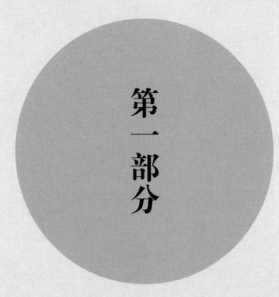

第一部分

第 1 章

———

1939 年

1939年4月，墨索里尼（Mussolini）给希特勒（Hitler）寄去了一份他亲笔书写的备忘录。这份备忘录的复件也同时送呈国王[1]和我。

　　在备忘录中，墨索里尼宣称，在他看来，战争不可避免。在那些贫富差距过大的国家之间，在那些拥有高出生率和人口不断减少的国家之间，在那些拥有大量原材料和资源明显匮乏的国家之间，在很短的时间内，战争必定会爆发。《凡尔赛和约》[2]（*Peace of Versailles*）的缔结非但没有缓和这些矛盾，反而使当前局势大大恶化了。他认为，缔结的任何条约都无法公正地解决问题。结果不可避免，并且有潜在的巨大危险——要么战斗而亡，要么窒息而死。

　　接下来，墨索里尼补充说，我们还应为这场大战做好广泛而充足的准备。由于此前意大利参与埃塞俄比亚战役，并持续镇压该国叛乱，随后又在西班牙内战中做出了杰出贡献，今后数年意大利都需要不断积累国力，才能应对即将到来的大战。而在他看来，无论是国家

---

① 指维托里奥·埃马努埃莱三世（Vittorio Emanuele Ⅲ，1869年11月11日—1947年12月28日）。意大利国王兼最高帝国元帅（1900—1946年在位），同时是埃塞俄比亚皇帝（1936—1941年在位）、阿尔巴尼亚国王（1939—1943年在位）。1939年，第二次世界大战爆发时，他建议墨索里尼不要参战。1940年6月，他做出让步，授予墨索里尼全面参战和指挥战争的权力。——编者注

② 第一次世界大战结束后，战胜的协约国和战败的同盟国之间签订的和约，这一条约的签署标志着第一次世界大战的正式结束。但《凡尔赛和约》是帝国主义战胜国根据力量的对比在斗争与妥协的基础上签订的，它只是暂时缓和了各国之间的各种矛盾，也为后来的战争埋下了祸根。——编者注

还是军队，都不会在1943年之前做好准备，去面对这场他认为将是漫长而痛苦的大战。

在这些非常严肃的论断之后，墨索里尼又加了一句话。事实证明，他的这个想法确实很幼稚。墨索里尼表示，他决定将大战的开战时间定在1943年，这样他原计划于1942年在罗马举行的世界博览会就可以如期举办。届时，来参加世界博览会的大批游客就可以将大量外币带入意大利，这些外币可以帮助支付即将产生的战争费用。其实，在1939年那样阴沉的气氛中，不大可能成功举办这样一次博览会。因此，指望举办博览会带来的利润对国家财政做出重大贡献，从而支撑国家应对长期战争的想法委实荒谬。

这份备忘录读来令人痛苦。激发墨索里尼写下这样一份文件的动机是什么？这当然不是屈服于公众舆论压力的结果。征服埃塞俄比亚之后，意大利也消除了泰山压顶般沉重的外来威胁，并且我们也没有必要因《凡尔赛和约》所遭受的不公进行报复。无论是好是坏，墨索里尼与英国和法国接连签订了条约，解决了意大利面临的重大困难。

我无法用数学公式来证明自己的解释正确无误，但它与事实相符，我也毫不犹豫地表达我的个人信念，因为我相信它接近事实。

在威尼斯的第一次会面，希特勒并没有给墨索里尼留下良好的第一印象。希特勒滔滔不绝地高谈阔论了一个小时，用不同的表达反复重申了他的自传《我的奋斗》（Mein Kampf）中的全部论点，只给墨索里尼留下几分钟的时间作答。回到罗马后，墨索里尼告诉我，希特勒不过就是一台只有七张唱片的留声机，所有的唱片都播放了一遍以后，再次开始重复播放。我并不是唯一一个听到这句论断的人，墨索里尼对每一个陪同他去会见希特勒的人都说了相同的话，而在罗马，这一论断也被墨索里尼的狂热拥趸们津津乐道地到处传播着。

私下里，墨索里尼过分相信自己天才般的才干。这使他相信，在未来两个独裁者的任何合作中，因为他显著的智力优势，他必将扮演主导角色。这一信念在墨索里尼1937年访问纳粹德国时显露无遗。当时，他的举止就像是一位正从奥林匹斯山上走下来的神，将自己全身的光芒洒向周遭的民众。然而，那个话匣子[①]，那台只有七张唱片的留声机，虽然还在喋喋不休，却渐次展开行动：他先是占领了莱茵兰（Rhineland）的非军事区，接下来武装了百万雄师，组建了一支庞大的空军，最后占领了奥地利（Austria）、苏台德地区（Sudetenland）和捷克斯洛伐克（Czechoslovakia）。

墨索里尼被迫一再重申自己在国际事务中的合法地位。他希望希特勒明白，唯有意大利王国的独裁者，方具备足够的能力和威望决定当前事态的走向。这才是墨索里尼写下这份备忘录的真正动机。他刻意忽视了一切不利的事实，充满信心地面对未来，为国家制定了必须遵循的准则。

这里，我并不认为墨索里尼拥有超出常人的直觉——只是他的骄傲压倒了一切，相信自己远超所有凡人。我给大家举个例子。1925年或1926年，墨索里尼发布了一则关于各地行政长官的权力和职责的通告。通告最终沦为一纸空文。后来，我问他那则通告是不是他起草的，他多少有些恼火地回答道：“不然谁还会有这个头脑？”

据我所知，希特勒从未回复过这份备忘录。

我收到这份备忘录后，便去见墨索里尼，向他陈述了我的观点。

---

① 指希特勒。——编者注

我认为，我国海、陆、空三军的状况都不容乐观。

五年来，我国陆军一直都得益于一位出色的国防大臣——加泽拉将军①的领导。加泽拉将军生性严厉，但为人正直，勤勉尽责，富有远见卓识，并且经验丰富。然而，尽管拥有这些优良的品质，他还是难免遭到免职，因为他从不肯屈从于法西斯党的淫威，而接管他职位的人正是墨索里尼。当然，国防大臣只是形式上的最高长官，真正的军权掌握在副大臣瓦莱将军（General Valle）手里。接下来继任国防大臣的人是巴伊斯特罗基②③和帕里亚尼④。他们的执政造成了灾难性的后果：前者罔顾一切规定，将政治信仰凌驾于一切标准之上，规定军中晋升完全依赖于对法西斯党的忠诚；后者是个聪明人，思维活跃，但目无军纪，使整个军队的管理一片混乱。

在副大臣瓦莱将军的领导下，空军的训练更多流于炫耀而非实战。普里科洛⑤将军接掌空军后，经过仔细的调查，发现副大臣瓦莱将军号称的3000架飞机中，只有1200架真实存在，并且其中至少有200架已经废弃过时了。

---

① 即彼得罗·加泽拉（Pietro Gazzera，1879—1953），1929—1933年意大利国防大臣。第二次世界大战期间，意大利皇家军队的一名军官。——编者注

② 即费代里科·巴伊斯特罗基（Federico Baistrocch，1871—1947），两次世界大战期间意大利的将军。——编者注

③ 他是一个著名的法西斯主义者（Fascist），也是国民共和国卫队（Militia）的高级军官，在埃塞俄比亚战役（Ethiopian campaign）中被提拔为将军。——原注

④ 即阿尔贝托·帕里亚尼（Alberto Pariani，1876—1955），意大利将军，参加了第一次世界大战、第二次世界大战。第二次世界大战结束时，他因涉嫌为法西斯政权服务而被逮捕，后被无罪释放。——编者注

⑤ 即弗朗切斯科·普里科洛（Francesco Pricolo，1891—1980），"二战"期间意大利空军司令，对意大利空军新型航空武器的发展和研制贡献巨大。——编者注

只有在卡瓦纳里上将[①]领导下的海军才称得上是真正高效运转的军队。

基于以上事实，我对墨索里尼说，我不同意军队在1943年（墨索里尼备忘录中给出的日期）之前做好作战准备。不过，我已指示海、陆、空三军司令通盘考虑现存的种种问题，并根据我国重工业的产出能力，拟订一份重整军备的计划。墨索里尼立刻向我保证，财政上的任何顾虑都不会妨碍我的军备重整计划，至于他提出的作战时间，那只是一个一般性的设想。

一回到办公室，我就给他写了一封信，因为事关重大，我必须把所有的要点讲清楚。这封信的内容如下：

（一）正如他所知，除海军之外，陆军和空军完全没有做好作战的准备；

（二）重整军备是重中之重，必须即刻提上日程；

（三）只有完成了所有军备计划，并与武器制造公司充分商定细节之后，才有可能准确预测陆军和空军重整军备的日期；

（四）由于以上原因，不能确定1943年为开战的确切年份；

（五）我会周密安排，每周都会向他汇报计划的推进情况；

（六）根据最高国防委员会（Supreme Defence Committee）的规定，必须立即着手去国外购买一切所需的原材料。

---

① 即多梅尼科·卡瓦纳里（Domenico Cavagnari, 1876—1966），意大利海军上将。第二次世界大战前，他主要负责意大利海军的扩张和准备工作。意大利于1940年6月加入第二次世界大战后，因为海军准备不足，他被解职。——编者注

1939年7月，意大利驻柏林大使阿托利科①——此人非常聪明，也极富远见——开始警告我们，根据他搜集到的可靠情报，他确信纳粹德国不日将进攻波兰，以期一劳永逸地解决两国之间的种种争端。接着他又补充说，希特勒和纳粹党的主要领导们都认为，虽然之前英法两国都承诺对波兰提供保护，但这种保证不过是一种模糊的理想和道义上的支持，这两个大国永远不会为了支持波兰而对德国宣战。这个消息激起了墨索里尼心中最强烈的反感。二号独裁者再次夺走了一号指挥的指挥棒。

收到阿托利科的消息后，我和墨索里尼进行了一次长谈。对德国人在政治上的盲目，他深感愤怒。他表示："事实上，只有一个德国人表现出了真正的政治能力，那就是俾斯麦（Bismarck）。很明显，纳粹德国的外交部长冯·里宾特洛甫②什么也不懂。像英国和法国这样的国家，怎么可能只是给了波兰一个承诺，然后在波兰受到攻击后，就立刻抛弃它呢？"

于是，意大利外交大臣齐亚诺③奉命前往纳粹德国，口头陈述墨索里尼的观点。齐亚诺刚刚准备开始"磋商"波兰问题时，冯·里宾特洛

① 即贝尔纳多·阿托利科（Bernardo Attolico, 1880—1942），意大利外交官，1935—1940年任意大利驻纳粹德国大使。——编者注

② 即约阿希姆·冯·里宾特洛甫（Joachim von Ribbentrop, 1893—1946），德国政治家和外交官，纳粹德国的外交部长（1938—1945年）。第二次世界大战之前，他在促成《钢铁条约》（《德意同盟条约》）、《慕尼黑协定》（吞并苏台德）、《梅梅尔通牒》（吞并梅梅尔）和《莫洛托夫—里宾特洛甫条约》（《苏德互不侵犯条约》）方面发挥了关键作用。——编者注

③ 即加莱阿佐·齐亚诺（Galeazzo Ciano, 1903—1944），意大利政治家、贵族。他是墨索里尼的女婿。第二次世界大战爆发以后，齐亚诺反对加入轴心国，受到墨索里尼的疏远。在齐亚诺的日记里，他认为墨索里尼加入第二次世界大战是一个极其愚蠢的决定，并预言了意大利的战败。——编者注

甫就立即用一种不容讨论的语气宣布："我们已经决定开战了。"

后来，齐亚诺向下议院详细叙述了这次会见的全部经过。这是众所周知的。不过，对于他带回来的希特勒写给墨索里尼的一封信，齐亚诺却对下议院只字未提。这封信的大意是：

> 德国对波兰的战争不可避免，无论是为了解决波兰走廊[①]问题，还是为了结束波兰人加诸德国人的百般折磨。我绝对相信无论是英国人还是法国人，都不会为了波兰人，而冒险将自己置于险地。但无论他们是否参加这场战争，这纯粹都是德意志人自己的内部问题，德国有能力自己处理。实际上，就这件事而言，意大利也是局外人，再加上其军备重整也才刚刚开始，所以意大利的干预并不意味着会给解决波兰问题带来任何实质性的帮助。因此，意大利应该保持其中立立场，以此向我们证明它的友谊。

这封信传达的信息明确而毫不含糊。希特勒明确告诉我们，不要干涉他的事务，解决北欧的问题，他不需要任何帮助，像意大利这样一个军事上毫无准备的国家，其帮助就更不需要了。

在告知我这封信的内容时，墨索里尼说，在他与希特勒的历次会谈中，希特勒一直表示反对德军南下，意军北上。希特勒认为，地中海气候会降低德军的战斗力，同理，意军如果前往北欧作战，也同样

---

① 波兰走廊，也称但泽走廊。它为波兰提供了通往波罗的海的通道，从而将德国（魏玛共和国）的大部分地区与东普鲁士省分开。——译者注

会面临气候不适问题。

墨索里尼和我讨论一切问题时的平静完全是表面的，因为紧接着，他马上跳起来，非常生气地说："希特勒和冯·里宾特洛甫什么都不懂！他们现在的所作所为，不过是再次重复德皇威廉[①]（William）和他的首相[②]在1914年所犯的错误而已，当时，他们还以为英国和法国会宽恕德国对比利时的入侵。现在希特勒拒绝我们的好意相助，此后如果出了任何问题，除非他主动寻求我们帮助，否则我们不会再多管闲事。德国人作为敌人是可怕的，作为朋友则是令人难以忍受的。如果希特勒打算完全靠他自己，那就意味着我们可以恢复行动自由了。你必须立即制订计划，尽快加强德意边境的防御工事。"

这次谈话给我留下了深刻的印象。在我看来，决定这个国家未来的，并非出自对国家真正利益的认真审查，而是或多或少取决于两个独裁者之间达成的协议。我国对纳粹德国的支持遭到拒绝，墨索里尼立刻做出反应，下令让我即刻安排建立防线，来对付我们的盟友。不过，在我看来，希特勒的计划，单就意大利应置身事外这一点而言，是符合当时的实际情况的。希特勒认为波兰问题不会影响我们两国的利益，即使英法因此对德宣战，这仍然是北欧的内部问题，仍旧与意大利无关。他相信，纳粹德国可以单独解决波兰问题，而意大利也可以像现在这样，一如既往地给他们提供最好的帮助，也就是只

---

① 即德意志帝国末代皇帝兼普鲁士国王威廉二世（Wilhelm Ⅱ，1859年1月27日—1941年6月4日），1888年至1918年在位。威廉二世生性冲动鲁莽，未能在德国的对外政策上保持理性。他想为自己的外交政策辩护，却屡次犯了严重的错误，反而使外交关系恶化。——编者注

② 即特奥巴尔德·冯·贝特曼-霍尔韦格（Theobald von Bethmann-Hollweg，1856年11月29日—1921年1月1日），德国政治家，是第一次世界大战爆发时的德国首相。——编者注

提供物资，而不是让我们装备糟糕的军队介入战争。

基于此分析，我认为，与其对希特勒的决定感到愤怒，墨索里尼还不如暗自庆幸。

1939年，希特勒和墨索里尼之间建立了更加密切的关系，两国结成了同盟，这个同盟后来被称为罗马—柏林轴心（Rome-Berlin Axis）。但缔结这一同盟，既非出自两国共同政治利益的考虑，也不是发自两国国民之间本能的同情，只是由两位独裁者擅自促成并加强的结果。在这里，我不试图考察德国人民对这一伙伴关系的感受，但我绝对可以肯定，并且数百万意大利人民也一定同意我的看法，这次同盟并不代表意大利人民的感受。意大利人民不仅反对两国缔结同盟，更担心这样做会危及国家的生死存亡。与德军艰苦战斗了三年多的那一代人还活着，大多数退役军人的感情也并没有改变。

墨索里尼虽然一向认为自己什么都对，但显然应该把如上事实考虑进去。此外，鉴于我们在军事上毫无准备，他应该意识到，非常幸运的是，希特勒的声明在道义上免除了我方参战的所有义务，如果他确实对参战有顾虑的话。或者从更实际的角度而言，在我看来，墨索里尼应该感到庆幸，自己轻而易举地逃脱了身为同盟所应尽的义务。这里唯一出现的问题就是，出于一号独裁者的骄傲，他必须充当二号独裁者的主人，而墨索里尼身为一号独裁者，却被礼貌地放在一边，这看来似乎无关紧要，事实上却激怒了墨索里尼，令他失去了清醒的判断。

在这里，我想简短地叙述一个题外话。1943年，我在布林迪西（Brindisi）与国王交谈时，国王亲自告诉我，墨索里尼从未向国王提及他与希特勒结盟的意图，直到1939年轴心国协议达成并签署后，墨索里尼才决定通知国王。

当时，宪法第5条明确规定："行政权只属于国王……只有国王才有权力对外宣战、签订和约、结盟并达成贸易协定。"

对于墨索里尼这些违背宪法的行为，国王表达了深深的愤恨，对墨索里尼本人，也是愤恨不已。接下来，国王还感慨地说："不引起严重的麻烦，就不可能改变已经做过的事情。"

与此同时，我国驻柏林的武官[①]（Military Attache）发回信息，通知我们，德国人已经制订了详细的进攻计划。他们认为，四周之内，德国就可以占领波兰。

纳粹德国对波兰宣战之后，法国和英国立即对德宣战，意大利也随即宣布自己的非交战立场。事实上，国际关系中并不承认这种非交战立场，但当时局势极其混乱，并没有任何国家就此提出异议。我不关心德国和波兰的交战状况。结果完全可以预见，尽管波兰人具有传奇般的勇气，但纳粹德国在人数和武器上的优势是压倒性的。

英国对战争的干预仅仅限于口头宣战，过去没有，现在也不可能给予波兰任何积极的支持。至于法国，则在马其诺防线（Maginot Line）以外，发动了一次小规模的进攻。这一进攻对于削弱德军在东部的进攻毫无作用。战争接近尾声时，苏军占领了波兰维斯瓦河（Vistula）以东的领土，紧接着，德国和苏联达成了瓜分波兰的协议。如果该协议能够发挥持久的效力，对德国和意大利来说，就是第二次世界大战外交史上的一次真正的成功。当时看来是这样，事实也应如此。得益于该协议，德军避免了在两条战线上同时作战的被动局面，并且在后方

---

① 即外交代表机构（大使馆、领事馆）的武职专员，负责处理与军事相关的事务。——译者注

得到保护的情况下，向西可以从容应对来自法军和英军的威胁。

墨索里尼再如何自大，也不得不屈从于事实。尽管他继续向所有人指出德国人完全缺乏政治远见，但同时他也不得不承认他的盟友完全做好了军事行动的准备，不得不承认希特勒对军事行动的远见和高妙处理。在焦虑中，意大利度过了许多日日夜夜。公众舆论对事实一无所知，被完全听命于政权的媒体蒙在鼓里，盲目相信媒体宣扬的我们国家愿意或不愿意卷入其中。相信宣布不交战本身不足以给人一种和平与安全的感觉。意大利人民更希望自己的国家公开宣布中立，这样就可以避免未来立场的改变。然而，即使宣布不交战也受到了民众的欢迎，因为如果局势不再继续恶化，不交战也能有效降低意大利被卷入战争的危险。

第 2 章

墨索里尼决定参战

波兰战役结束后，德军主力转移至法国、荷兰和比利时边境。各国巡逻分队之间的小规模冲突，暂时缓和了大战的紧张局势。短暂的松弛只是表象。突然，德军像急速回弹的弹簧一般，纵身跃进，几乎是在毫无抵抗的情况下，占领了丹麦，随即又以迅雷不及掩耳之势进军挪威。德军在装备和训练方面的优势再一次显现出来。英国海军对德国舰队发动进攻，但未能阻止德军大部在挪威成功登陆。

对意大利而言，各方已经达成协议，制定了重整军备的方案，采取了必要的财政支持措施，部分军火公司也已经开始生产武器。但突然之间，事先没有征求任何人的意见，墨索里尼就向瑞典出售了四艘驱逐舰，并允许其他国家购买我们工厂生产的第一批反坦克武器。我对此强烈抗议，因为这么做不可避免地推迟了我们完成整个重整军备计划的日期。但墨索里尼的答复是，作为总参谋长，我未能通盘考虑，只看到了事情的一个方面——军事方面，而他作为政府首脑，对国家最迫切的需求有着广泛的了解。在这个特殊时期，有外汇进入，以支持我们购买发动战争所必需的小麦，是绝对必要的。他还补充说，当初选择1943年作为我们完成重整军备方案的时间完全是武断的，正如他之前已经告诉我的那样，在我们完全准备好之前，不会做出任何重大决定。

1940年2月，最高国防委员会召开例行会议。参会的三军司令都就各自军队制定的方案及目前的工作进展，做了详细的汇报。但此时，有一件事我必须详细描述一下，外汇和货币（Exchange and Currencies）大臣里卡尔迪[①]就国家现在持有的外汇作了长篇声明之后，猛烈抨击了刚刚提出不可能实现的方案的司令们。最后他要求军方修改重整军备计划，使之符合实际的财政状况。

听到这套言论，我无法掩饰自己的愤怒，立刻开始回击。我相当坦率地说，虽然我很感谢他对我们持有的外币所做的清楚详尽的解释，但重整军备方案是由各位专家在首脑的政治指导下拟订的，我不认为他有能力或有权就军事问题发表任何意见。

墨索里尼打断了我们的争论。显然，他很尴尬。此前他承诺说政府会为重整军备计划提供必需的财政支持，而现在财政大臣却当场打脸，宣布无法给予帮助。就如同在类似危机中的常规做法，墨索里尼披上了先知的斗篷，庄严地宣布，一切计划都必须完成，并且可能比预期的还要快，因为我们"绝不能抛弃历史"。尽管我也意识到墨索里尼发表这个声明只是为了解决争端，或者说至少是用来停止讨论的，但我依旧非常担心。第二天，我去看他的时候，我要求他做出保证，1939年4月的备忘录的内容绝不会有任何的改变。墨索里尼宣称，他的计划不会改变，除非超出他控制范围的不可抗力，迫使我们提前卷入战争。

与此同时，对峙军队的巡逻分队之间小规模冲突仍在发生，没有任何迹象表明德军要发动全面进攻。墨索里尼反复敦促驻柏林的大使

---

① 即拉法埃洛·里卡尔迪（Raffaello Riccardi, 1899—1977），意大利法西斯政治家。1939年10月至1943年2月担任意大利王国外汇和货币大臣。——编者注

和武官，要他们弄清楚德国的一些进攻计划和开始行动的日期。尽管我提醒他，最高司令部绝不会把如此重要的秘密透露给第三方，但墨索里尼仍然认为他个人应该了解情况，并且因自己对一切一无所知而极其恼火。

尽人皆知，在罗马，没有什么可以长久保守的秘密。每个人都知道，那里的法西斯统治阶层，以及他们的妻子和情人，都乐于展示自己对这些"秘密"的了解，并以此为荣。毫无疑问，希特勒当然不会泄露任何一个军队的最高指挥部都要严守的机密，因为分布在我们首都的众多德国间谍，理所当然都会向他通报此处事态的发展。

1940年5月10日，这架了不起的德国战争机器开始行动，将一切抵抗压为齑粉。在它面前，所有军队都败下阵来：荷兰和比利时举旗投降；遭受重大损失后，驻比利时英军被迫撤离该国；法军的北翼全线崩溃。荷兰和比利时相继灭亡。法国也注定会完蛋，因为英勇的法军似乎已经彻底失去了行动力。墨索里尼坚信法国必定会灭亡，这是他做出的最根本的错误判断。他仿佛被一种强烈的欲望攫住了，不愿缺席胜利者的宴会。他不再召开法西斯大委员会①（Fascist Grand Council）、大臣会议，也从不告诉他的追随者自己的任何决定。

1940年5月26日，我因例行公事去见他，在等待室遇见了巴尔博元帅②。巴尔博元帅来到罗马，准备汇报利比亚（Libya）的当前局

---

① 法西斯大委员会，是意大利在一党专政的法西斯政权时期的国家最高机关和咨询机关。法西斯大委员会多次参与重大事项的讨论，但没有决策权，决策权掌握在墨索里尼一人手里。——编者注

② 即伊塔洛·巴尔博（Italo Balbo，1896年6月6日—1940年6月28日），意大利王国空军元帅，法西斯四巨头之一。第二次世界大战期间，任意属利比亚总督。1940年6月28日被己方误伤身亡。——编者注

势。无论是从军事角度，还是站在饱受食物短缺之苦的平民立场来看，利比亚的局势都很不乐观。

很快，墨索里尼让人传信给我和巴尔博元帅，让我们一起进去。我一跨进墨索里尼那间大办公室的门槛，就意识到他一定有一件非常重要的事要对我们宣布。墨索里尼站在写字台后面，双手叉腰，神情极其严肃，甚至可以说是庄严的。他没有马上说话，而是默默地用他那锐利的目光审视着我们，仿佛要洞穿我们的一切心思。他想说什么？突然我发现自己呼吸有些困难。最后，他终于决定开口说话。他神情振奋地宣布："我想告诉你们一个消息，昨天我派了一个信使（messenger），带着我的书面声明，去见希特勒，告诉他，6月5日之后，我准备对英宣战。"

我和巴尔博元帅不禁目瞪口呆，一时似乎都失去了说话的能力。墨索里尼睁大了眼睛，对我们得知他的消息时所表现出来的震惊表示惊讶。等到我从震惊中恢复过来，终于可以开口说话的时候，我说："尊敬的阁下，你每周都收到完整的军备进展报告，也很清楚我们完全没有准备好。我们大约有20个师，武器装备率和士兵受训率不足70%，还有另外大约20个师的武器装备率不足一半。我们没有坦克。而空军，正如你从普里科洛将军的报告中获知的那样，已经停飞。更不用提我们的物资储备了——我们连士兵必需的衬衫都不够。在这种情况下，我们怎么可能对外宣战呢？我们的殖民地资源严重匮乏。我们的商船尚在公海上航行。"说完，我感到非常绝望，于是补充道："这就是在自杀。"

墨索里尼沉默了几分钟，然后非常平静地说："1935年，你对埃塞俄比亚局势的估计是正确的。但显然，今天你太激动了，因此无法正确判断形势。我向你保证，大战将在9月结束，届时，我只需要付出数千人死亡的代价，就能以交战方的身份，参加国际和谈。"

这场悲剧性的对话就这样结束了。我即刻赶往外交部，想知道以反德和反战著称的外交大臣齐亚诺是否有更多的消息。他知道的并不比我多。他对墨索里尼的决定非常不满，不断念叨着说："墨索里尼肯定是疯了。"

我只好回了家。

每个人都知道，从最高国防委员会和参谋长们的每周报告中，首脑可以获悉重整军备计划的所有资料。这件事牵扯了太多人，不可能成为秘密，也无法对墨索里尼有任何隐瞒。因此，如果他在没有征求任何人的意见的情况下，擅自决定宣战，那责任就全在他自己身上。

但作为他的军事事务首席顾问，我需要承担部分责任吗？

我完全问心无愧。我已经竭尽所能，坚持我们在1939年做出的决定。我还能做些什么？辞职吗？但辞职并不会改变局势，因为墨索里尼绝不会考虑背弃他对希特勒做出的承诺。此外，在国家即将对外宣战的关键时刻，我宣布放弃我的职位，这种做法在这个一向信任我的国家，非常不得人心。而继续留在我的岗位上，我就可以防止墨索里尼由于对军事一无所知而犯下错误。

这个信念是如此强烈，以至于压倒了其他所有的考虑。我怀着一颗被最悲观的预感所撕裂的心，踏上了那条前往耶稣受难地的最艰难的荆棘之路。那也终将是举国上下的受难之地。

1940年5月29日，墨索里尼在他的办公室召开全体总司令联席会议，正式宣布，他已通知希特勒，并决定在6月5日以后的某个日期，对英宣战。他希望向大家解释这一决定背后的动机。鉴于他的讲话已被速记下来，载入史册，这里我仅总结几个要点：

（一）对我们而言，战争不可避免；

（二）我们不可能站在盟军一方作战；

（三）我们只能为德国人而战，跟德军共进退。

宣战的日期尚未选定，在世界大战纷繁复杂的变化中，这是最难决定的问题。最初这个日期定在1941年的春天（这显然是他自己定下的）。

继挪威和丹麦相继被占领之后，我把这个日期提前到了1940年的9月初。现在，考虑到荷兰陷落、比利时投降、入侵法国及由此带来的总体局势的变化之后，我再次将日期提前。我认为6月5日以后的任何一天都合适。

局势不允许我们再有任何延迟，否则我们将面临比过早参战更危险的局面。

另外，我对盟军方面的情况也了如指掌。昨天，我收到了希特勒写给我的最新一封信，也读给巴多格利奥元帅（Marshal Badoglio）听了。在信中，希特勒告诉我，德国已经集结了220个师，其中10个师留守挪威，15个师部署在波兰，25～30个师正在整编。此外，德军尚有165个训练有素、全副武装的师，可以随时投入战斗，以对抗法军的70～80个师的兵力。至于英国，现在无法派遣任何有价值的增援部队。此外，更不要提德国空军对法国空军的压倒性优势，虽然德国空军对英国空军的优势没有那么大，但其优势地位仍然无可争议。

这种局势有可能会改变吗？当然不可能。

即便是法国继续投入更多的战争资源，也无法改变战争局势，因为德军已经将法国几乎所有的工业中心都炸为平地。局势也不可能因美国的支援而改变。根据昨天罗斯福总统的讲话，目前美军仅有2500架飞机。即使美国打算将这2500架飞机全部投入战争，将之运往欧洲，也将是一个艰巨的任务。加之德军已经占领了法国海岸的所有战略要地，即便飞机能排除万难运送过来，降落也是个大问题，至少在法国北海岸是这样。

就连比利时国王[1]也以他的人民所遭受的可怕痛苦为借口，为自己的行动辩护，我认为这是非常正确的。M.皮埃洛[2]远不如他的国王重要，因为他不过是一个通过议会选举方式获得权力的二流政客。很明显，德国的战略目标是攻占巴黎和伦敦。我们所有的情报也都对目前的形势做出了同样的判断，唯一的问题是法军能否守住沿法国河流布下的防线。

我扪心自问，当我们参战时，法军的抵抗是否会被击溃。在1942年之前，法国不会有任何获救的希望，而到那

---

[1] 即利奥波德三世（Leopold Ⅲ，1901年11月3日—1983年9月25日），1940年5月，德军对比利时守军在利斯河的防线施压，比军崩溃。利奥波德三世明确表示了单独投降的想法。首相M.皮埃洛指出投降是只有政府才能做出的决定，国王无权决定投降。——编者注

[2] 即于贝尔·马里·欧仁·皮埃洛（Hubert Marie Eugène Pierlot，1883年12月23日—1963年12月13日），比利时政治家，1939年至1945年任比利时首相。——编者注

时，一切都将尘埃落定。如果我们再等上两个星期或一个月再参战，我们的军事地位将得不到提升，我们只会给德国人留下一种印象，即我们是在一切都已完成、没有任何危险的情况下，才抵达战场。此外，还有一层额外的考虑是，我们没有在一个人倒下的时候，再痛打他的习惯。所有这些对于我们未来的国际和平谈判，都至关重要。

至于意大利人民的态度，我们自然必须加以考虑。我想说的是，直到今年5月1日，他们还在害怕过早开战，始终急于避免此类意外事件的发生。这是可以理解的。但现在，意大利民众因两种考虑而焦虑不堪：

（一）害怕战争来得太晚，这样我们的参与将毫无价值；

（二）某种效法先贤之心，某种模糊的期待，希望对外展示自己的能力，告诉全世界，自己也可以乘坐降落伞，神兵天降，轰炸坦克，等等。这让我很高兴，因为这表明意大利军人也有一颗坚强的心。

这就是墨索里尼对意大利民心的理解。

第 3 章

———

参 战

1940年6月4日，墨索里尼从国王那里获得了参战武装部队的指挥权。这句话需要进一步说明。我曾同墨索里尼讨论过如何指挥战争的问题。我曾向他指出，在某一特定时刻，必须停止政治行动并以军事行动取而代之的旧模式已经被证明过时了。法国总理克列孟梭[①]和英国首相劳合·乔治[②]都曾参与战争指挥。事实上，政治必须贯穿全局，并且永远不能脱离军事行动。这也是当时正在发生的事情：盟军政府首脑在总司令部的协助下，正在协调军事行动。

　　在对上议院的演讲中，墨索里尼宣布，如果发生另一场战争，他将接管武装部队的指挥权。当天，议会便将帝国元帅的头衔，同时授予国王和墨索里尼。几天之后，我要求面见王储殿下[③]，跟他解释存在的问题。我尽量避免直接向国王面陈利害。如果我那样做的话，会让人觉得，我是受到了仇恨的鼓舞，因为战役在我的指挥下进行，并且这场战役也完全由我负责，议会却没有将军队最高统帅的头衔授予

---

① 即乔治·克列孟梭（Georges Clemenceau，1841年9月28日—1929年11月24日），人称"法兰西之虎"或"胜利之父"，法国政治人物，曾于1906—1909年和1917—1920年两度出任法国总理。第一次世界大战期间，他组建的政府决心与德国继续作战。在战争中，他稳健的表现为他赢得"胜利之父"的称号。——编者注

② 即大卫·劳合·乔治（David Lloyd George，1863年1月17日—1945年3月26日），英国自由党政治家，1916年至1922年领导战时内阁，1926年至1931年担任自由党党魁。——编者注

③ 即翁贝托二世（Umberto II，1904年9月15日—1983年3月18日），萨伏依亲王，末任意大利国王。1946年，意大利政体公投决定意大利废除君主制和意大利王国灭亡，使得翁贝托二世担任意大利国王仅一个半月就被迫退位。——编者注

我，而是给了其他人。我告诉王储殿下，承认议会可以授予军衔是非常危险的一件事，因为允许议会将帝国元帅的头衔授予国王，这个举动本身就已经侵犯了皇室的特权。如果这一原则得到承认，就意味着议会也有权剥夺任何军官的军衔。我把自己的想法对王储殿下和盘托出，殿下也告诉我，他一定会把这些想法转达给国王。关于此事，我后来再也没有听到任何消息。同时有迹象表明，国王已经首肯了议会的做法。因此，当墨索里尼要求在战场上指挥部队时，我没有提出反对意见，因为我们已经达成一致，那就是他下达的每一个决定都必须先行得到我的首肯。

1940年6月6日，墨索里尼派人通知我下达命令，让所有不在意大利境内的军队采取守势，正如他所说的那样，"我们将把攻击我们的责任，留给其他人"。不过，当我向他指出无论哪一方先行发动攻击，发起战争的责任都由首先宣战的一方承担，因为随后发生的所有事情，都是宣战这一主动行为的结果。墨索里尼最后修改了这项命令，让陆军采取守势，而海军和空军则应在十天后，如果发现有利机会，就可以发起主动进攻。

在这里，我补充一句，我们在法国边境上的驻军，处于纯防御状态，这一点也得到了事实的佐证。当时我们部署的所有中型和重型大炮及其炮弹，都离前线有一定距离。受制于交通，我方军队如果想要发动进攻，至少需要25天的时间。

1940年6月10日，在威尼斯宫（Palazzo Venezia）的阳台上，墨索里尼当众宣布意大利正式进入战争状态。现场气氛真是一言难尽。民众像瑟缩着挤在一起的羔羊，被裹挟在各级官员和无脑盲从的法西斯党的忠诚党羽之间。所有人都遵照命令为演说的每一句话鼓掌，声势虽大，但气氛丝毫不热烈，并且活动刚一结束，人群就在一片死寂中各自散去。尽管在铁腕高压制度下遭受了巨大的压迫，但民众完全明白形势的严重性，也充分意识到了参战会给国家带来多么可怕的后果。

墨索里尼狂喜过望。他兴高采烈地接受着法西斯党领导们夸张到极致的赞扬。我发现自己待在房间的一个角落里，痛苦不堪。外交大臣齐亚诺走过来对我说："现在一切已成定局。没有时间相互指责，唯有行动。愿上天保佑我们好运。"

在我继续担任总参谋长的那几个月里，我完全无意写下我们参与大战的整个过程。历史是由文献组成的，几乎总是局限于大致准确的事实陈述。但事件中更重要的部分，尤其是那些涉及主要参与者之间的对话、争论和分歧的部分，必然会被省略，因为缺少权威的书面文件的记载。这就是为什么官方的历史几乎总是冷冰冰的，缺乏明暗对比的细节性描述。

关于大战，我只打算讲几个要点：进攻法国、停战协定、任命格拉齐亚尼①元帅接替巴尔博元帅、对希腊开战。

首先是进攻法国。

1940年6月15日，墨索里尼派人来找我，命令我于6月18日开始进攻法国边境。我告诉他，在我看来，有两个理由反对这次进攻。第一，从技术上而言，正如他所知道的那样，我们开始时构筑的阵地是纯粹的防御型阵地，必须经过25天才能转为进攻型阵地；第二，从

---

① 即鲁道夫·格拉齐亚尼（Rodolfo Graziani，1882年8月11日—1955年1月11日），意大利王国驻北非意大利军总司令，意属利比亚、意属东非总督，意大利社会共和国（萨洛共和国）国防部长。由于其在利比亚战争期间压迫当地居民的残忍手段，使其获得了"费赞的屠夫"的绰号。——编者注

道义角度看，法军已经被打得分崩离析，德国人不需要我们的帮助来彻底摧毁这支大军。此刻，我们不应该提供任何有用的或决定性的支持，一起去攻击一个已经被打得一败涂地的国家，否则我们就会成为众人眼中落井下石的小丑。

自从因宣战产生分歧以来，这是我与墨索里尼的第二次重大冲突。

沉默了几分钟之后，墨索里尼开始说话，神情严肃，措辞小心："元帅，作为总参谋长，你是我的军事顾问，而不是政治顾问。对法国的攻击，即使考虑到你提出的反对意见，对我来说，本质上还是一个政治问题，我要决定自己在其中应负的责任。今天的战争不像中世纪那样，是两名骑士之间的战斗，也不像丰特努瓦战役（battle of Fontenoy）那样，一方请求另一方先开火。今天的目标是消灭敌人。为了达成这一目标，必须抓住一切有利条件。至于其他的，我不打算要求得到法国的萨伏依（Savoy），但尼斯（Nice）、科西嘉（Corsica）和突尼斯（Tunisia）理应成为我们的领地。如果我们的干预仅仅局限于防御威慑，我们将无权得到我们应得的那一份战利品。至于我军的部署和发动进攻所需的时间，我认为，考虑到法国军队目前的状况，没有必要浪费时间调动炮兵。稍晚我会亲自向陆军参谋长下达必要的命令。"

这次痛苦的会面结束后，我见到了外交大臣齐亚诺。他从我的表情看出事情很严重，神情亢奋地说："他要痛打落水狗。"他没有时间再多说些什么，因为就在这时，政府首脑派人找他。

突破了法军的防御之后，我军只推进了很短一段距离。由于天气恶劣，我军装备不足，造成了大量的伤亡，特别是冻伤，情况严重。

接下来是停战协议的部分。

此时，法国要求停战，德国最高司令部给了我们一份带有他们的各种强加条件的停战协议副本，并建议我们也可以照做。但在我方与法方代表——代表中有我的朋友帕里西奥将军（General Pariseau）——的谈判中，应他们的请求，我取消了一项条款，该条款要求他们将所有在法的意大利政治难民遣返意大利。在我看来，这个要求很不光彩，所以我毫不犹豫地做出了这个决定。这使我招致了墨索里尼的严厉斥责。此外，我还设法同意了法国代表的所有其他要求。

深夜，我们回到了罗马。与其他意大利代表交谈时，我说："我从来没有像现在这样，感到如此不舒服、不开心。"鉴于本书出版时，许多法方及意方代表尚在人世，他们都可以证明这句话的真实性。

第三，我要谈及的是格拉齐亚尼元帅接替巴尔博元帅的始末。

不久，墨索里尼出发视察西线战事，我也是随行人员之一。当我们在皮埃蒙特（Piedmont）的一个火车站等火车时，我们收到了一则无线消息，我们得知巴尔博元帅已在一次飞机事故中丧生。巴尔博元帅的飞机本来已经逃过了敌军的突袭，飞到了托布鲁克（Tobruk）上空，但在那里，他的座驾被误认为是英国飞机，在猛烈的高射炮射击中，起火坠毁。

听到这个消息后，墨索里尼没有流露出丝毫的感情。也许在法西斯政党统战集团中，这个唯一敢于挑战其霸权地位的人的消失，并非完全不是个好消息。无论如何，墨索里尼并没有说什么，只是问我应该任命谁来接替巴尔博元帅。

我完全不确定格拉齐亚尼元帅是否适合担任陆军总参谋长一职。他缺乏必要的经验，对于要求他处理的复杂局势，他也没有真正的了解。我认为，在战场上，格拉齐亚尼元帅不失为一个很好的指挥官。他曾在对利比亚作战过程中，特别是在阿比西尼亚战役（Abyssinian campaign）中，作为南线总指挥官证明了自己的能力。他对昔兰尼加–埃及地区（Cyrenaican-Egyptian）也了如指掌，在塞努西教团（Senussi）起义的最后阶段，他曾担任昔兰尼加的总督和全军总指挥。鉴于格拉齐亚尼元帅的如上表现，我毫不犹豫地向墨索里尼推荐了他，墨索里尼也立即同意了。

但我必须承认，在陆军最高指挥官的人选上，我犯下了大错。阿比西尼亚民族主义者（Abyssinian nationalists）于埃塞俄比亚首都亚的斯亚贝巴（Addis Ababa）企图刺杀他时，他受了重伤。在那以后，他犹如惊弓之鸟，吓破了胆，在利比亚战争中，为了自身安全，几乎所有的时间，他都躲在昔兰尼（Cyrene）郊区他自己的居所里，沦为一个非常糟糕的指挥官。利比亚远征军的官兵可以充分证实这一说法的真实性。

在英军的不断反攻下，我军被迫撤出班加西（Benghazi）。格拉齐亚尼元帅给墨索里尼发回一封令人绝望的电报，显然他已经完全失去了对局势的控制。他在电报中说，他指挥的部队正在拼命阻挡敌人的前进，但他的存在毫无用处。他向墨索里尼建议，让他率部撤退到1000英里①以外的黎波里（Tripoli），在那里扎下一个武装营地，任由他的下级军官们在由于总指挥官缺乏判断力而令全军陷入绝望境地的困境中自救。更过分的是，他随即就借口身体不好，乘飞机回到了意大利。

这种不负责任的行为激怒了墨索里尼。墨索里尼向国王宣布，自己将把格拉齐亚尼元帅送上军事法庭，罪名是因怯懦而擅离职守。国

① 英制长度单位，1英里约合1.61千米。——编者注

王指出，这位将军在过去战争中曾表现出勇气和优秀的指挥能力，并担任过重要指挥官，所以最好先让其接受调查。在这一点上，墨索里尼和国王达成一致，随即组织开庭，由迪·雷维尔舰队（Fleet Di Revel）的海军上将主审。彻底调查之后，法庭提交了调查报告。

我读过这份重要的文件。文件详尽记录了格拉齐亚尼元帅的所作所为，对他作为总司令，同时身为军人，却擅离职守的行为，提出了最严厉的批评。这份报告的日期是1942年2月28日。我不明白的是，墨索里尼在证据如此确凿充分的情况下，为何不像他最初打算的那样，将格拉齐亚尼元帅送上军事法庭。并且更奇怪的是，墨索里尼最终竟然选择了由这位将军组建和指挥新法西斯共和国的军队。

现在，我来谈谈意大利对希腊的战役。

在这场战役中，齐亚诺展示了他既天才又邪恶的一面。齐亚诺一直认为阿尔巴尼亚-希腊（Albanian-Greek）地区是他的私人势力范围。他任命自己的一个亲信亚科莫尼[1]（Jacomoni）为阿尔巴尼亚副总督，还给了他很多好处。亚科莫尼扮演的角色是齐亚诺的马屁精，也是他的代言人。

墨索里尼在征服希腊（在德军的帮助下）后，在阿德里亚诺剧院（Adriano Theatre）发表演说，宣称有一份文件证明，对希腊的作战计划是由武装部队总参谋部起草并经他批准的。但这种说法既不准确也不完整。总参谋部从未提及过希腊问题，尽管希腊政府承诺的中立有许多令人不满之处，比如英国海军的船舰，包括潜艇和水面舰艇，自愿到

---

① 即弗朗切斯科·亚科莫尼（Francesco Jacomoni，1893—1973），阿尔巴尼亚意占时期，他被任命为总督。——编者注

希腊来维修，然后就隐藏在希腊大陆和岛屿的许多港口里。根据外交大臣齐亚诺的说法，我国政府经常呼吁希腊政府注意其作为中立国的义务，但总参谋部从来没有想到此类不满会引发战争。

墨索里尼对我说过的一句话，第一次暗示了在希腊地区，有人正在密谋着什么。墨索里尼说："到目前为止，只有海军在这场战争中发挥了相当大的作用，空军只充当了一个附属角色。我们必须给陆军找点儿事情做。"我指出，利比亚地区对我们非常重要，但维护该地区的和平，是陆军的独家责任。墨索里尼对此并不满意。并不需要太久的时间，他就会认识到，我们的根本问题是地中海问题。

1940年10月初，墨索里尼命总司令部准备起草一份计划，安排部署在阿尔巴尼亚进攻希腊所需的部队。总司令部拟订了一项计划后，10月14日，我和罗阿塔将军①面见墨索里尼，同他讨论这项计划。我们认为，如果保加利亚（Bulgaria）加入战争，并迎战6~8个希腊师，那么我们就需要投入20个师。鉴于发罗拉（Valona）和都拉佐（Durazzo）的港口设施装备不足，我们必须增加口粮和弹药的库存。同时，为应对作战，还必须建立一个最高司令部和一个陆军司令部。

第二天，也就是1940年10月15日，墨索里尼在威尼斯宫召集会议，出席会议的有：齐亚诺、亚科莫尼、维斯孔蒂-普拉斯卡②将

---

① 即马里奥·罗阿塔（Mario Roatta，1887—1968），从1939年10月到1941年3月，他是意大利陆军的副参谋长，从1941年3月到1942年1月，他是意大利陆军的参谋长，并帮助准备入侵南斯拉夫。他因在南斯拉夫的残酷镇压手段而被免职。——编者注

② 即塞巴斯蒂亚诺·维斯孔蒂-普拉斯卡（Sebastiano Visconti-Prasca，1883—1961），意大利军官。1940年，他被任命为意大利入侵希腊的总指挥官。——编者注

军、陆军副总司令罗阿塔将军、海军副总司令卡瓦纳里上将、副大臣兼空军总司令普里科洛将军。陆军少校特龙贝提（Major Trombetti）是一位经验丰富的速记打字员，本次会议由他担任秘书，并负责提交一份逐字记录的会议报告。

按照会议流程，会议一开始，齐亚诺率先提到希腊政府的种种非中立行为，对此，我国政府提出过多次抗议，希腊政府或否认指控或歪曲事实。希腊政府的做法证明，外交照会本身不会给局势带来任何改变。齐亚诺宣称，希腊社会已经彻底腐坏，同时他也已经获得了足够的支持，可以确保一战成功。亚科莫尼接着发言。他说，阿尔巴尼亚的所有爱国者和军队都满怀着彻底解放伊庇鲁斯（Epirus）的愿望，他几乎无法阻止阿尔巴尼亚人越过边界，进入希腊。在他之后，维斯孔蒂-普拉斯卡将军开始发言。显然，维斯孔蒂-普拉斯卡将军与亚科莫尼有着同样的政治思想。他解释了自己的作战计划，即战争开始后，他将带领他麾下的部队进入伊庇鲁斯，指挥山地步兵营，拿下品都斯山脉（Pindus），以保护自己的侧翼。大军到达阿尔塔（Arta）后，他可以得到三个师的增援。这些师可以在港口登陆，自己则率部继续向雅典挺进。

然后我指出，有部分希腊军队一直驻扎在保加利亚边境，因此事前必须了解该国的态度。如果保加利亚保持中立，那么当我们朝科里察（Koritza）推进过程中，这部分希腊军队可能会严重威胁我军的左翼。墨索里尼表示，他将立即给鲍里斯国王①写一封私人信函，向他

---

① 即鲍里斯三世（Boris III，1894年1月30日—1943年8月28日），保加利亚第二任沙皇。——编者注

指出，保加利亚如果希望获得一条通往爱琴海（Aegean）的出口，现在正是获得这个出口的有利时机。墨索里尼表示，他也同意在等待鲍里斯国王答复之前，陆军总司令部应该详细审查维斯孔蒂-普拉斯卡将军提交的作战方案。审查结束后，大家一致同意，如果齐亚诺和亚科莫尼所描述的状况都真实存在的话，这次战役极有可能获胜。

几天后，海军上将卡瓦纳里告诉我，通往阿尔塔港口的运河已被封锁，因此我们无法通过海路，将部队运送至该港口。由于墨索里尼暂时离开了罗马，我立刻去找齐亚诺，跟他说了这个情况。齐亚诺非常恼火，拜托我向海军打听一下这个消息是不是真的。然后他告诉我，他已经成功地得到了几位希腊领袖的支持，其中一些人事实上是希腊政府的高层，他们已经准备好推翻现行政党，加入轴心国。接着他补充说，此举成本相当高，但未来的成功足以证明这笔支出是合理的。此外，他不仅同伊庇鲁斯（Epirus）的驻军达成了一项谅解，还命令现在正在阿尔巴尼亚的帕里亚尼（Pariani）为伊庇鲁斯的驻军搭建休息中心，提供食物。

如下是真实发生的事情。鲍里斯国王答复说，虽然他完全理解与意大利王国合作的好处，但他的国家的公众舆论与此背道而驰，目前他什么也做不了。墨索里尼把这封回信递给我，轻蔑地说："这些国王胆小如鼠，从来没有采取过任何行动！我们没有他也行。维斯孔蒂-普拉斯卡将军将会非常迅速地行军，因此即使希腊军队没有被击溃，我军也能将之从北线引开。"我对当前现状并不满意，坚持要再派一个师过去，增援我军在科里察前线的侧翼，这样做会使我们免遭危险。战争就这样开始了，结果也众所周知。

一方面，驻守伊庇鲁斯的希腊军队非但没有与我们结盟，反倒在卡拉马斯山脉（Kalamas Mountains）同我军英勇作战。另一方面，事实证明，所谓的阿尔巴尼亚盟友尽是些背信弃义的家伙，他们从事破坏活动或跟希腊人联手对付我们，因此当下非常有必要撤出该地区，或者解除其中部分敌军的武装。

1940年11月10日，墨索里尼召集会议，参加会议的人有：我、卡瓦纳里、普里科洛、罗阿塔、索里切[①]，陆军少校特龙贝提担任会议秘书。会议一开始，墨索里尼就表示，事实证明，亚科莫尼的政治预测和维斯孔蒂–普拉斯卡将军的军事预测是完全没有根据的。因此现在有必要冷静地、客观地审查当前局势，好好考虑如何消除影响，挽回局势。

由于我非常急于弄清楚谁应对此负责，我回答说："在10月14日的会议上，你问我和罗阿塔将军，进攻希腊需要多少兵力，根据陆军总司令部的研究结果，罗阿塔将军宣布，如果保加利亚也进攻希腊，我们需要20个师。当时大家还一起讨论了再另外派遣10个师的必要性。这10个师还需要指派一名总司令和一名陆军司令官。"

1940年10月15日，墨索里尼再次召集会议。齐亚诺伯爵、索杜将军[②]、副总督亚科莫尼和维斯孔蒂–普拉斯卡出席了会议。我对墨索里尼说："基于齐亚诺和维斯孔蒂–普拉斯卡的报告，你决定于10月26日发动进攻，后来这一日期推迟到10月28日。在此期间，我们尽力做了一切可能的准备工作。我回顾这些事实，以表明无论是总司令部还是陆军司令部都与所通过的计划没有任何关系，因为这些计划完全

---

① 即安东尼奥·索里切（Antonio Sorice, 1897 —1971），第二次世界大战期间意大利将军。法西斯政权垮台后，巴多格利奥任命他为国防大臣。——编者注

② 即乌巴尔多·索杜（Ubaldo Soddu, 1883 —1949），意大利军官。——编者注

违反了我们备战的程序原则。我们惯常采用的方法，遵循一个基本原则，即采取行动前必须做好充分准备。"（特龙贝提少校的逐字报告中删掉了这段话，作为总参谋长，我收到了这份报告的副本）

10月15日的会议决定了将要派遣的增援部队的数量和增援方式。尽管我军匆忙派出了增援部队，局势仍然非常严峻。11月底，墨索里尼召见我和罗阿塔将军，对当时采用了维斯孔蒂-普拉斯卡将军的作战计划深表遗憾。听了这番话，我再也控制不住自己，忍不住说："一切都是你的决定。当时有两套作战计划呈交给你，第一套是维斯孔蒂-普拉斯卡将军根据齐亚诺和亚科莫尼所宣称的政治局势提出的，第二套方案由陆军总司令部准备的，依据保加利亚将参战的假设。是你选择了维斯孔蒂-普拉斯卡将军的作战计划，因此，在我看来，无论结果如何，陆军总司令部都不应受到任何指责。"墨索里尼一言不发，把我们打发走了。当我们离开时，罗阿塔将军非常热情地感谢我为陆军总司令部所做的辩护。

第二天，战时内阁（War Cabinet）的首脑索里切上校告诉我，墨索里尼对我当着罗阿塔将军的面说的那番话非常生气。几天后，法西斯党的前总书记法里纳奇[①]主编的《克雷莫纳报》上，刊登了对总司令部的攻击文章。

我去找墨索里尼，要求他反驳法里纳奇的言论。他回答说，法里纳奇讨厌我，这篇文章只代表法里纳奇的个人观点，但他已经派人找法里纳奇来讨论这件事。我立刻意识到，墨索里尼也害怕承担责

[①]　即罗伯托·法里纳奇（Roberto Farinacci, 1892—1945），第二次世界大战前和第二次世界大战期间国家法西斯党重要成员，狂热的反犹太主义支持者。——编者注

任，他正在竭力把责任推卸给他的走狗。我请了四天假，在此期间他和我都需要好好考虑一下我们未来关系的走向。当我再次见到墨索里尼时，他告诉我，他已经决定任命卡瓦莱罗将军①接替我的职位。

当时的场面一度极不愉快。鉴于墨索里尼试图让我为采纳了维斯孔蒂-普拉斯卡将军的作战计划而背黑锅，我告诉他，总指挥官应该为自己军事行动中犯下的任何错误负责。但在这个特定的实例上，他并没有足够的勇气对自己的决定负责，还试图寻找替罪羊。我还告诉他，未来我并不打算再以任何方式与他合作，随后我就离开了。第二天，意大利法西斯党的联邦书记们（Federal Secretaries）发起了一场针对我的暴力运动。他们对我的人身侮辱真是令人难以置信。

我要求与政府负责人面谈，并要求他给出合理的解释。该负责人宣称，法西斯党书记塞雷纳（Serena）才是罪魁祸首。他个人并不赞成，并且已经制止了这些攻击。这是他惯用的策略。我回答说塞雷纳太愚蠢，也太胆小，他自己不敢迈出这一步。同时我也深知，在未经他同意的情况下，他的追随者没有人敢擅自行动，所以说某某人是罪魁祸首无济于事。说完这番话，我就起身离开了。

此后我再也没见过墨索里尼。

在结束这悲惨的一章之前，我还必须处理另外两个问题。

1940年11月，我去奥地利的因斯布鲁克（Innsbruck），会见德军总

---

① 即乌戈·卡瓦莱罗（Ugo Cavallero，1880年9月20日—1943年9月13日），意大利军官，总参谋长，元帅。——编者注

司令凯特尔将军[①]。见面后，他立即对我说，在没有通知德军总司令部的情况下，我军就发动了对希腊的进攻。元首原本无意于扰乱巴尔干地区的局势，因为德国担心未来会物资缺乏，而希腊给他们提供了大量他们急需的物资。"如果，"凯特尔说，"有人事先警告我，我一定会第一时间飞去罗马，阻止袭击。"

我不得不把实情告诉他，那就是墨索里尼命令我们务必对德军严守秘密。当时我反对墨索里尼说，根据同盟条款，我们必须通知我们的盟友。但墨索里尼非常生气，回答说："他们进攻挪威之前，告诉我们了吗？他们在西线发起进攻时，告诉我们进攻开始了吗？他们表现得好像我们根本不存在似的——我要以其人之道还治其人之身。"

第二件事跟武器装备有关。

在巴尔博元帅做总指挥官时，驻利比亚陆军司令部就一直在要求给他们配备坦克。我把我们境内所有可调配的坦克都给了他们——74辆马克Ⅱ型和Ⅰ型坦克。

大战期间，德军从法军手中夺取了700辆坦克，墨索里尼要求我向凯特尔将军索要其中的大部分坦克，但同时他拒绝了德军向我们派驻一个装甲师的提议。他说："如果德国人在这个国家站稳脚跟，我们永远也摆脱不了他们。"凯特尔将军拒绝了我们关于法军坦克的请求，表示这些坦克得好好修一修。他提出派出两个装甲师协助我们作战。根据墨索里尼的命令，我不得不极不情愿地拒绝了。

1943年4月，我在罗马见到了驻意军总司令部的德军驻外武官

---

① 威廉·凯特尔（Wilhelm Keitel, 1882年9月22日—1946年10月16日），第二次世界大战国防军资历最老的指挥官之一。德国第二次世界大战投降后，凯特尔被纽伦堡国际军事法庭起诉为"重大战犯"之一。——编者注

冯·林特伦将军[1]。他告诉我，他和凯特尔都对我拒绝两个装甲师的做法感到震惊，因为他们知道当时意大利急需这两个装甲师，虽然后来不知为何，意大利还是接受了这两个装甲师。我跟他解释说，我从墨索里尼那里接到明确命令，必须拒绝。

---

[1] 即弗朗茨·冯·林特伦（Franz von Rintelen，1878—1949），德国资深外勤特工。——编者注

第 4 章

极端独裁

我辞去了总参谋长的职务，回家度日。但我从未不去参加下议院的会议，也常常去各个俱乐部转转。过去的两年时间里，我对国家的命运忧心忡忡，也常为我的家人的离世而伤心不已。人们似乎完全麻木了。他们已经被麻醉了20年，现在大家慢慢意识到了情况的严重性。

三个悲剧性的军事事件剪断了法西斯当局企图蒙蔽意大利人民双眼的绷带。震惊和愤怒在全国蔓延，人们无限仇恨当政的法西斯政府。

第一个军事事件发生在北非。人们的情绪因我军在北非面临的灾难性打击而激愤不已。

战争刚开始的时候，非常幸运，隆美尔（Rommel）将军率领意德联军不断反攻，一直打到了阿莱曼（El Alamein）。墨索里尼从不放过任何一个自吹自擂的机会。他立刻骑着一匹阿拉伯马，带着一把伊斯兰剑，赶去昔兰尼加，为胜利进入亚历山大（Alexandria）做准备。但隆美尔将军仔细勘察过前线后，确信我们无从突破英军的抵抗。于是，他率军撤退到了索利乌姆（Sollum），在那里驻扎下来，并构筑好了坚固的防线。历史将会告诉我们，在供给日益困难，敌军不断得到增援的情况下，是谁下令坚守阿莱曼的。这是一个根本性的错误，谣言将错误归咎于希特勒。判断失误，灾难性的后果也无从避免。

英军投入了不计其数的人力、物力和财力，发起大反攻，彻底击溃了意德联军。与此同时，英美联军在北非成功登陆，我军兵败如山倒。撤退到突尼斯后，我军陷入敌军的钳形包围圈，最终被迫在突尼斯缴械投降。

第二个军事事件发生在俄罗斯。

起初，在遥远的俄罗斯作战区，我们部署了一个军团。地中海战区急需兵力的时候，这个军团得到不断扩充，最终扩建为一支完备的军队。令人难以置信的是，我军骁勇善战的山地部队（Alpine Troops）却被派往俄罗斯平原地区作战。苏联红军进攻德国、罗马尼亚和意大利的阵地时，我们的这支部队损失了四分之三的兵力。就像在阿莱曼的撤退一样，为了确保自己安全撤退，德军夺取了我军所有的交通工具，让我军独自面对惨淡无望的残局。这种不人道的做法传遍了整个意大利，令人切齿难忘。

排在军事灾难名单上第三位的是对都灵（Turin）、米兰（Milan）和热那亚（Genoa）的空袭。我军的空军防御体系几乎惨不忍睹，几乎没有战斗机，也没有避难所，没有应对火灾的准备，也从未制订任何疏散平民的计划。一旦敌军开始大规模轰炸，平民毫无组织，只能在一片混乱中四散溃逃。后来，在议会开会时，墨索里尼对此发表评论说，一段时间之前，他曾下令疏散城市平民。说得好像疏散平民这样的大规模活动，并不需要当局的组织，只需要个人主动行动，就能完成似的。人们终于意识到，如果不采取任何措施，来应对这种大面积空袭，战争再继续下去，我们所有的城镇和交通工具都将被摧毁殆尽。

意识到国家根本无力保护自己的子民，人民的士气迅速下降。在火车上、在电车里、在街头，人们都公开要求恢复和平，诅咒墨索里尼。人们普遍对当政的法西斯政权感到愤怒，到处都能听到这样的话："即便是输了战争也没关系，因为这意味着法西斯主义的终结。"

自从1940年12月6日，我辞去总参谋长的职务后，再也没有见过国王。我的许多朋友恳求我去见国王，把国家的真实状况告诉他，并劝他改变国内的局势。原则上，我完全反对这种做法。在我看来，国王是最好的判断者。国王足够睿智，足以判断向一位意大利元帅寻求建议这种做法是否明智，尽管这位元帅在1915年到1918年的战争中发挥了重要作用，在平息利比亚战局后，为他征服了一个帝国。但随着朋友们的不断说服，我决定请求觐见国王，最终在奎里纳莱宫（Quirinal）也得到了国王的接见。然而，在听了我的长篇大论的解释和相当激进的建议后，国王未做任何评论。

我知道太子妃殿下正在急切地为国家寻找出路，摆脱僵局。我们在科涅（Cogne）附近面谈过一次。我非常小心，避免我们见面的消息泄露出去。太子妃殿下凭借她超群的智慧，充分理解当前的严重局势，敦促我采取激烈的措施。我们在罗马见过很多次面，由于我处在严密的被监视之下，我们的每次会面都极其小心谨慎。我们讨论的话题始终不变，但我们面临的困难似乎无法克服。我背后没有任何组织的支持，单枪匹马，如何能推翻整个法西斯政府呢？

我还跟王室事务大臣（Minister to the Royal Household）阿夸罗内公爵[1]（Duke Acquarone）取得了联系。当我还是中尉的时候，他在我军中当了几个月的军械官。阿夸罗内公爵告诉我，国王已经决定重新组建政

---

[1] 即彼得罗·德·阿夸罗内（Pietro d'Acquarone，1890—1948），意大利贵族、准将、企业家和政治家。在墨索里尼政权后期，他是国王值得信赖的顾问，并在最后一次法西斯大委员会会议上发挥了核心作用。——编者注

府，他让我跟总参谋长安布罗西奥将军[1]取得联系。安布罗西奥将军是一位勇敢、能干、诚实的军官。我很高兴我能够向他的工作表示敬意，并表达我对他的热情的友谊。我们一起研究了当前局势，深信再也不应该有任何延迟，应该立刻采取行动。我们一致认为，有两个目标要尽快实现：逮捕墨索里尼和他手下的六个法西斯头目；促成法西斯自卫队 (Fascist Militia) 保持中立，特别是驻扎在罗马附近的装甲师。

安布罗西奥认为，在不引起怀疑的情况下，将必需的军队集结到罗马，需要一个月的时间。这次讨论是在我家里进行的，在场的人还有阿夸罗内公爵，他负责通知国王行动的进展。

1943年6月底，我同博诺米[2]、卡萨蒂[3]和贝尔加米尼 (Bergamini) 进行了会谈，以确认行动成功后，我们会有一个能团结各政党领导人的内阁。我们讨论了墨索里尼一下台后应立即采取的政治措施。但有一个重要的问题似乎无法解决，即我们如何才能彻底摆脱德国的束缚，并宣布停战。我本可以通过秘密特工 (confidential agents)，跟英国驻瑞士的代表们取得联系，但他们不可能给予我们任何承诺，唯一的结果就是通知英国政府。而我愿意不惜一切代价，与他们达成谅解。

与此同时，盟军已在西西里岛成功登陆。在此之前，猛烈的空袭摧毁了萨莱诺 (Salerno) 和福贾 (Foggia) 之间的所有铁路线，使得运送补给品极其困难。墨索里尼一接到盟军准备登陆的通知，就发表了一篇

---

[1] 即维托里奥·安布罗西奥 (Vittorio Ambrosio, 1879—1958)，在第二次世界大战的最后阶段，他支持逮捕墨索里尼、意大利放弃与德国的同盟。——编者注

[2] 即伊瓦诺埃·博诺米 (Ivanoc Bonomi, 1873年10月18日—1951年4月20日)，第二次世界大战期间的意大利政治家。1943年，墨索里尼被罢黜时，他是反法西斯运动的领袖。——编者注

[3] 亚历山德罗·卡萨蒂 (Alessandro Casati, 1881—1955)，一位意大利学者、评论员和政治家，自由党党员。——编者注

演讲。这也许是他职业生涯中最愚蠢的一次演讲。在演讲中，墨索里尼宣称，只要敌人登陆海滩，就会被我们的炮火歼灭。事实上，由于西西里岛的防御状况很差，盟军登陆时几乎没有遇到任何困难，并且立即包围并占领了西西里岛的整个西部地区。

1943年7月15日，安布罗西奥将军来告诉我，7月18日墨索里尼和希特勒将在费尔特雷（Feltre）会晤，副外交大臣巴斯蒂亚尼尼[1]和驻柏林大使阿尔菲耶里[2]也将出席会议。接着他告诉我，当德军拒绝了我们要求军事支援的请求后，他就已经告诉墨索里尼，意大利已经到了山穷水尽的境地。当前最重要的是，政府应该跟希特勒彻底摊牌，让希特勒意识到意大利不能够继续战争了。安布罗西奥补充说，自己对墨索里尼能否接受建议不抱多大希望，但他确信这么做是绝对有必要的。

在1943年7月19日的会议上，希特勒滔滔不绝地谈了两个小时，指责我们的机场防御系统有多么糟糕，因此他不会再派飞机过来增援，从而让这些飞机也在地面上被炸毁。这显然是一个借口，因为已经有一段时间，意大利大多数机场都在德军的控制当中，他们才应该对战事不利负责。

墨索里尼没有开口，会议就这么结束了。由于他要在回机场的火车和汽车上再跟希特勒待上一段时间，安布罗西奥、巴斯蒂亚尼尼和阿尔菲耶里都提出强烈抗议，让他必须告诉希特勒，意大利绝不再继续打仗了。"也许你们认为我是怕他？" 墨索里尼回答说。尽

---

① 即朱塞佩·巴斯蒂亚尼尼（Giuseppe Bastianini, 1899—1961），意大利政治家和外交官。——编者注

② 即迪诺·阿尔菲耶里（Dino Alfieri, 1886—1966），意大利政治家和外交官。——编者注

管如此，他还是没有勇气跟希特勒说出那句要拯救他的国家就必须说的话。

7月20日早晨，墨索里尼回到罗马。当晚他派人去请安布罗西奥将军。墨索里尼表示，经过深思熟虑，他决定给希特勒写封信，开诚布公地宣布意大利必须退出战争。安布罗西奥将军反驳说，这句话他早就应该在费尔特雷说出来，至于那封信——如果它真的已经被写出来的话——和其他许多涉及重大问题的信一样，将永远得不到希特勒的答复。由于抗议遭到忽视，同时也不希望承担部分责任，安布罗西奥将军就此辞去了总参谋长的职务。即便如此，这一方案——可能会使墨索里尼的名字不那么惹人讨厌——也没有被采取，因为这封信从来就没有被写过。

会议当天，约500架盟军轰炸机对罗马的火车站和首都周围的机场进行了猛烈的轰炸，给附近拥挤的居民区造成了极大的破坏。我立刻赶去了受灾最严重的地方。人群向我喊道："拯救能拯救的吧！"可怜的人们，更糟糕的苦难正等着他们。

第 5 章

———

政 变

法西斯党内部一片混乱，人人都在企图逃避责任。齐亚诺曾经是墨索里尼的宠儿，也是墨索里尼在法西斯党内的继任者，现在已经多多少少开始公开叛变。他被解除了外交大臣的职务，并被调任为驻罗马教廷大使。格兰迪[①]是法西斯党最著名的成员之一，曾有一段时间退居幕后，他当然也想逃脱正义的惩罚，但未能完全逃脱，因为虽然他被剥夺了司法大臣的职务，但仍然是法西斯党翼赞议会下院议长。前教育大臣博塔伊[②]曾试图联系我，但没有成功，现在无事可做，是一个公开的自由主义者。奇尼[③]曾经是一个工业巨头。众所周知，他并不愿意接受自己被任命为交通大臣，他曾坦率而坚定地谈到了这个国家所面临的绝望局面。他指出，彻底改变政策是十分有必要的。此外，他还提交了辞呈，但没有被批准。

　　这时，墨索里尼的十二指肠溃疡又复发了，但他的病情被故意夸大，以证明他已不再适宜治理国家。事实上，那句古老的谚语——狡猾的老鼠纷纷逃离正在下沉的船，再次被证明是正确的。

---

①　即迪诺·格兰迪（Dino Grandi，1895年6月4日—1988年5月21日），意大利法西斯主义政治家、外交家、贵族。他以第二次世界大战末期发起罢免墨索里尼首相职务的决议而知名。——编者注

②　即朱塞佩·博塔伊（Giuseppe Bottai，1895—1959），1936—1943年任教育大臣。他同时是一名记者。——编者注

③　即维托利奥·奇尼（Vittorio Cini，1885—1977），意大利实业家和政治家，1934年至1943年担任参议员，1943年2月至7月担任意大利王国交通大臣。在他生活的时代，他是意大利最富有的人之一。——编者注

1943年7月24日上午，一个流言在罗马四处传播着，说法西斯大委员会的成员坚持要求墨索里尼当天晚上召开一次委员会会议。然而，人们对这个消息却相当怀疑。有传言说，法西斯党的领导人们密谋反对墨索里尼，甚至有人认为这有可能导致暴力事件。事实上，那天晚上政务委员会的确举行了会议，讨论也一直持续到很晚。

第二天早上，也就是7月25日星期日，传来了激动人心的好消息：法西斯大委员会要求墨索里尼辞职。据说，攻击他最凶的人是齐亚诺、格兰迪、德·博诺[1]和博塔伊。会议的内容概括在一项决议中。[2]全城上下一片欢腾。人们激烈的争论甚至引发了街头的争

---

[1]　即埃米利奥·德·博诺（Emilio De Bono，1866—1944），意大利政治家、军人。他是法西斯四巨头之一。第二次世界大战爆发以后，德·博诺反对意大利同纳粹德国共同作战。在1943年7月25日举行的法西斯大委员会上，他赞成解除墨索里尼的首相职务，使得法西斯政权垮台。——编者注

[2]　决议的原文如下：

在这最危险的时刻，法西斯大委员会召开会议，首先是要向每一支部队里英勇的战斗者们致敬。他们与高贵的西西里人并肩作战，所有人胸中都怀有意大利人民的统一信念，他们坚持着我们武装部队光荣勇敢的历史传统和不屈不挠的牺牲精神。

审查了国内和国际形势及战争的政治和军事行动之后，我们宣布：全体意大利人要履行不惜一切代价捍卫国家的统一、独立和自由的神圣职责，这是从意大利统一复兴运动（Risorgimento）到今天四代人牺牲的成果；全体意大利人也要捍卫意大利人民的生命和未来。同时我们认为，在这个事关国家命运的重大决定性时刻，全体意大利人必须在精神上和物质上团结一致。为了达到这一目的，必须立即恢复所有国家机关，以便国王、大委员会、政府、议会和政党可以履行宪法和法律赋予的任务和责任。

基于此，我们请政府出面，请求国王——整个王国都对他充满忠诚和信心——为了国家的荣誉和安全，应该根据宪法第5条承担起陆军、海军和空军的有效指挥权，并接受我们政党授予他的最高指挥权。在我们的历史上，这一直都是萨伏伊王室的光荣遗产。

本决议由德·博诺、德·韦基、格兰迪、德·马尔西科、阿切尔博、费代尔佐尼、巴莱拉、戈塔尔迪、比尼亚尔迪、德·斯特凡尼、博塔伊、罗索尼、马林利、阿尔菲耶里、贾诺、巴斯蒂亚尼共同签署。

7人投了反对票：比吉尼、波尔韦雷利、特林加利、弗拉塔里、斯科尔扎、布法里尼、巴尔比亚蒂。

法里纳奇提出了他自己的决议，但未能投票通过。——原注

吵，法西斯主义分子遭到粗暴对待。下午，一些亲密的朋友来看望我。大约5点的时候，王室事务大臣[①]来看我，说国王急需见我。

我换上军装时，王室事务大臣匆匆告诉我，墨索里尼已经去见过国王了。国王要求墨索里尼把法西斯大委员会的结果告诉他。国王强迫他辞职。离开王宫时，墨索里尼遭到逮捕，随后被带至卡宾枪骑兵队[②]的兵营里。此外，国王还希望我成为政府的下一任首脑。听到这个消息，我感到非常不安，便直接去了萨瓦亚庄园（Villa Savoia），准备觐见国王。

国王非常平静，马上把发生的事情告诉了我。他的话给我留下了深刻的印象，我几乎可以一字不差地复述出来。如下是国王的原话：

今天早上，墨索里尼请求觐见，我把时间定在了下午4点，地点就在这里。墨索里尼到达后告诉我，法西斯大委员会已经召开会议，通过了对他的不信任投票，但他认为这项决议不合规定。我立刻回答说我不同意他的看法。法西斯大委员会是国家机构，是他自己根据参众两院通过的一项法律设立的，因此法西斯大委员会的每一个决定都是有效的。"那么遵照陛下的意旨，我应该辞职。"他相当粗暴地说。"是的。"我回答。并且告诉他我立即接受了他的辞呈。

国王又说：

墨索里尼一听到这个消息，就像心脏遭了重击似的瘫倒了。"看来我是彻底毁灭了。"他嘶哑地喃喃自语道。

墨索里尼向国王告辞后走了出去，然而在停车的地方，他并没有

---

① 即阿夸罗内公爵。——编者注

② 卡宾枪骑兵队是意大利的国家宪兵，主要职责包括管理军队及协同意大利警察维持社会治安。——编者注

看到自己的车，便问一个军官自己的车去哪儿了。"车就停在房子旁边的阴凉处。"那个军官回答说。墨索里尼沿着那军官指的方向继续前进。走着走着，他突然发现自己被秘密警察包围了。他们要他上一辆停在不远处的救护车。"我不能上自己的车吗？"他问，"你们要带我去哪？""去一个你会非常安全的地方。"那军官回答道。墨索里尼什么也没说，上了那辆救护车，被送往卡宾枪骑兵队的兵营。

随后，国王要求我出任政府首脑。我知道这是国家对我的信任。如果我拒绝，国王一定会感到尴尬，并且我的拒绝将使需要立即采取行动的局势进一步复杂化。于是，我决定把所有的个人考虑放在一边，直面我所承担的重大责任。我回答说："我很清楚自己缺乏政治经验，我也从未参与过任何政治活动，但我知道当前的迫切需要，我接受国王的任命。至于我的内阁成员，我这里有一份名单，里面是承诺合作的政党领袖及他们所代表的政党。"接着我给国王读了这个名单，提出由博诺米出任内政大臣，亚历山德罗·卡萨蒂担任教育大臣，还有前财政大臣索莱里[①]、贝尔加米尼和埃诺迪[②]等其他人选。

但国王完全反对这个安排。他说当务之急，我必须快速协调好国内、跟德国之间的关系，采取迅速而有力的行动，绝不能陷入形形色色的政客的包围圈。"你必须拥有一个由各类专家组成的政府，"国

---

① 即马尔切洛·索莱里（Marcello Soleri，1882年4月28日—1945年7月22日），意大利政治家，是20世纪意大利的4位自由主义代表人物之一。——编者注

② 即路易吉·埃诺迪（Luigi Einaudi，1874年3月24日—1961年10月30日），经济学者与政治人物，他坚决反对法西斯主义。1948年5月11日，他被选为意大利共和国第二任总统。——编者注

王补充说，"各部大臣应该能够有效执行你的命令。""但结果是，"我回答说，"我将与公众舆论完全隔绝，也将与这个国家的感情完全隔绝。""绝不会，"国王说，"全国人民都支持你，都会追随你。我相信你的政客朋友，即使不担任各部大臣，也会由衷地支持你。这里是我拟定的各部大臣的名单，他们都是有经验、有能力的官员，你可以和他们一起工作。"既然国王执意要按照他自己的方式组建政府，我最后还是同意了他的安排。

接下来我们达成了一致意见。鉴于我们岌岌可危的处境，现在不可能立即宣布意大利停止战争，要求和平。毫无疑问，这一举措会立即引起德国的强烈反应，而我们的政府（此刻还不存在）根本不可能应对这种反应。国王给我看了两份已经印好的公告。作为政府的负责人，他和我将发布这两份公告。前首相维托里奥·奥兰多[1]帮助起草了这两份声明，宣布战争将继续进行。

这些事情商议妥当后，我就回了家。我家门外围着一大群欣喜若狂的民众，我几乎很难走进自己的家门。

凌晨两点钟，我被召到战争部（Ministry of War），去处理一个危机。显然法西斯自卫队（Fascist Militia）总参谋长（Chief of Staff）加尔比亚蒂将军[2]已经决定抗命。我立刻采取了果断措施，任命我信任的朋友阿尔梅利尼将军[3]任法西斯自卫队总参谋长，令加尔比亚蒂将军听从阿

---

[1] 即维托里奥·埃曼努尔·奥兰多（Vittorio Emanuele Orlando，1860年5月19日—1952年12月1日），意大利外交家、政治人物。——编者注

[2] 即恩佐·埃米利奥·加尔比亚蒂（Enzo Emilio Galbiati，1897—1982），意大利军人和法西斯政治家。——编者注

[3] 即奎里诺·阿尔梅利尼（Quirino Armellini，1889—1975），意大利军官。——编者注

尔梅利尼将军的指挥。这一命令取得了预期的效果。加尔比亚蒂将军提出辞职，没有采取任何行动。

我立即写信给墨索里尼，向他保证，他不必担心自己的人身安全，他的被捕和监禁是必要的，只有这样才能把他从人民的愤怒中解救出来，否则他一定会遭到人身攻击。墨索里尼叫人给我送来一张纸片，上面写着他口授给送信军官的话，下面有他的亲笔签名。他说，他很高兴我们决定继续战斗，并衷心感谢我保护了他的人身安全。

欢呼的人群彻夜在罗马街头游行。偶尔会有枪声，许多法西斯分子的指挥部都遭到了攻击和洗劫。

历史性的一天就这样结束了。

在这一章结束之前，有三个问题，我还想再多说几句。

第一件事是逮捕墨索里尼。此前，我已经说过，我曾同安布罗西奥将军讨论过逮捕墨索里尼的必要性。由于军队由安布罗西奥将军统率，所以计划也由他负责执行。但我们碰巧落后一步。这次逮捕行动是由王室事务大臣在卡宾枪骑兵队总指挥官的配合下计划和实施的，当然，事前他们已经获得了国王的首肯。[①]

第二件事与法西斯政党有关。这件事是后来我从一个当事人那里获悉的。为召开法西斯大委员会，并投票反对墨索里尼，法西斯政党的领袖们需要商定具体的计划。计划是在7月的前两个星期举行的一系列会议上拟订的。这些阴谋者并不打算让法西斯党放弃对政府的

① 卡斯泰拉诺将军在他的《我是如何在卡西比莱签署停战协议的》一书中，对他自己在安布罗西奥的指导下，如何组织抓捕墨索里尼的事情给出了不同的描述。描述详见1946年9月《新英语评论》，缪里·柯里（Muriel Currey）概述的"我签署了意大利停战协定"。——原注

控制，因此他们选择了政务委员会里的三个成员，组成一个三人集团，打算接掌政府。关于如何处置墨索里尼，他们的立场并不是很明确：一些人希望他完全消失，另一些人则建议给他一个职位，但不要赋予他任何权力。至于三巨头——作为四巨头的简化版的人选，我得到的名单是齐亚诺、格兰迪和费代尔佐尼[①]。后来还有人给了我一个其他版本的名单，至今我都不知道哪个名单是正确的。正如提交给政务委员会审核的决议所显示的那样，三巨头提议，国王应该恢复对武装部队的最高指挥权，国家的所有机构都应该恢复。正如我此前所说的那样，无论是对他们还是对我而言，事态的发展实在是太快了。

法西斯政党的领导人确信，没有墨索里尼，他们在这个国家的统治还能继续下去。这表明他们完全不了解公众舆论，而公众舆论现在正在清楚有力地显现出来。他们表现得好像完全聋了一样，因此民众也切断了跟他们的一切联系。国王给予他们以坚决的打击。在没有任何抵抗或暴力行动的情况下，整个法西斯组织顷刻间分崩离析。到1943年7月26日为止，罗马没有一个人再佩戴法西斯徽章。法西斯主义就这样彻底完蛋了，恰如其分，就像一个烂梨。

我想说的第三件事是，国王并未退位。

在跟王室事务大臣讨论过程中，我向他解释了目前的舆论现状。从繁华的都市伦巴第（Lombardy）到偏僻的山间村落，人们都在责怪国王。责怪国王容许法西斯政党持续掌权这么多年，以致造成了悲惨的现状。在我看来，国王已经意识到他所走的道路给国家带来了灾

---

① 即路易吉·费代尔佐尼（Luigi Federzoni，1878—1967），20世纪的意大利民族主义者，后来成为法西斯政治家。——编者注

难，也认识到自己负有部分责任。国王要以最大的决心行事，才能如同卡洛·阿尔贝托[①]（Charles Albert）国王在诺瓦拉（Novara）战败后让位给自己的儿子那样，让位给王储翁贝托亲王殿下（Prince Umberto）。我相信，国王退位只会加强而不是削弱王权。

但王室事务大臣完全反对这种做法。他说，很明显，现在只有国王才有足够的经验和精力应对政府更迭时期这样一个充满未知危险的局面。而翁贝托亲王殿下此前从未被允许参与任何公共事务。面对这种状况，他可能会完全不知所措。王室事务大臣还表示，其他人也曾跟国王讨论过这个问题，但国王坚决拒绝退位。他还向我保证："如果你提出这个请求，你注定会失败，因为国王已经下决心留在王位上。唯一的结果就是，你和国王的关系会变得冷淡，这只会妨碍你的政府工作。"鉴于此，我确信我的任何行动都是徒劳的，也就没有向国王提起此事。

[①] 即卡洛·阿尔贝托（Carlo Alberto，1798年10月2日—1849年7月28日），撒丁王国国王。1849年3月，因为第一次意大利独立战争被奥地利打败后，他宣布退位以让儿子维托里奥·埃马努埃莱二世即位。——编者注

第 6 章

形势回顾

我在上一章中解释过，国王和我都认为，目前意大利不可能立即退出这场大战。由于这个决定招致了许多批评，我认为在这里，有必要给出我们的理由。

在政变之前，我同总参谋长安布罗西奥将军会谈时，他向我提供了我国军事状况的最新消息。对此，我知之甚少，因为我完全依赖报纸的报道来获取消息。由于我军不断战败，墨索里尼又到处派兵出击，军队状况糟糕透顶。

第一，派往海外的兵力基本损失殆尽。投入殖民地的人力和物力资源都消耗殆尽，利比亚几乎耗尽了我们本来就不多的储备。我们曾派遣了一支完整的军队去苏联参战，最终损失了三分之二的兵力和几乎所有装备。空军在利比亚几乎全军覆没。大部分商船都受损了，海军的巡洋舰和驱逐舰遭受了严重损失。由于墨索里尼的妄自尊大，36个师被派往法国、克罗地亚（Croatia）、黑山（Montenegro）、阿尔巴尼亚（Albania）和希腊参战，也几乎全军覆没。

第二，岛内驻兵严重不足。勉强拼凑了12个师，用以护卫整个意大利半岛。这12个师力量装备都很薄弱：其中一个师由法西斯自卫队组成，人员严重不足；还有些在海岸防御的炮兵师没有火炮，武器很少，也没有运输工具。这12个师不具备实战能力，只是在临时拼凑人数。它们分属三个军：第一军驻扎在波河（Po）流域，第二军驻守在佛罗伦萨和罗马之间，第三军在阿普利亚（Apulia）、巴斯利卡塔（Basilicata）和卡拉布里亚（Calabria）。

第三，运输工具匮乏，无法快速调集兵力。安布罗西奥将军说，由于遭到了空袭，我们的铁路系统基本处于瘫痪状态，无法集结兵力。机动车运输也不可能，由于在利比亚的损失，我们的车辆供应几乎减少到零。

而德军这边的情况与我们恰好相反。

德军在意大利部署了8个师，其中4个师全副武装，所有师都配备了精良的机动车运输设备。一旦开战，便于随时快速调集兵力，集中进攻。我们有大约400架飞机，而德机有800架之多。此外，在因斯布鲁克（Innsbruck）驻扎着大量的德国军队，因此，在接到通知的几天后，8个师可以从不同战区，快速集结到意大利。7月26日以后发生的事也充分证明了我们的判断是完全正确的。

鉴于所有这些情况，如果意大利单方面宣布愿意媾和，那就意味着我们自捆手脚，再把自己交给德国人处置。我们只需要记住罗马尼亚的教训，就足以引以为鉴了。罗马尼亚现任政府说，他们为了摆脱德国人已经进行了一段时间的谈判，但这样做的前提是，他们随时可以得到苏联红军实质性的大规模的军事支持。

我重申，并深信，意大利如果宣布暂时停战，只会导致德军立即占领整个意大利半岛，推翻现行政府，建立纳粹—法西斯政权。我们无法确保同盟国会区分意大利人民和法西斯党徒，最终只会玉石俱焚。

以上这些考虑都必须由那些决定行动路线的主要责任人冷静地加以权衡。但广大人民并不理解局势的艰难复杂。在全国各地，痛苦和悲伤交织在一起。但人们坚信：墨索里尼代表战争，巴多格利奥代表和平。

　　研究这样一个简单的信念是如何在人们的脑海中占据主导地位的属实无用，但不可否认的是，社会所有阶层，无论是否受过教育，都对之坚信不疑。这个国家需要和平，却从来没有人停下来考虑过和平应该如何实现，人们不会对此争论不休，只会理所当然地认为，墨索里尼倒台就会实现和平。雪片般的信函和电报淹没了我，各类组织和社区的投票都表达了同样的愿望。没有人停下来想一想，我们将如何从纳粹德国的束缚中解放出来，如何与同盟国展开谈判。而政府的要务就是立即达成这两个目标。然而，看到国王和我共同发表的那两份声明，看到战争仍将继续，民众的希望幻灭了。没有人明白采取这一行动的迫切性和必要性。

　　对政府的失望立即引起了人们的反应，特别是在意大利有着大批拥趸的史蒂文斯上校（Colonel Stevens）的演讲，又进一步煽动了这股情绪。对于同盟国要求我们必须明确宣战的策略，我无意发表任何个人的意见，但我将以乔治·格拉斯哥（George Glasgow）发表在 1943年10月《当代评论》上的一篇文章的节选来代表我的观点。

　　"面对墨索里尼的垮台，联合国的态度是怎么样的？是再次呆板地敦促无条件投降，还是再次轰炸罗马？难道伦敦和华盛顿还没有真正明白吗？意大利当时根本不能投降，因为该国处于德国军队的严密控制之下。事实上，意大利如果投降，就无异于向希特勒无条件投降。"①

　　然而，人们没有时间停下来理智思考。罢工爆发了，造成了最令

---

① 此处使用的英语文本获得了《当代评论》作者及编辑的许可。——原注

人遗憾的结果，尤其是在意大利的北方。

我记得，博诺米、亚历山德罗·卡萨蒂、布尔兹（Buozzi）和罗韦达①，还有其他一些人，带着一项决议来找我，告诉我他们代表各派政党组织，要求立即停战实现和平。我告诉他们，和平是我首要的、压倒一切的愿望，但我请求他们考虑一下，要实现这个目标，我们得克服多么巨大的困难。"面对两派势力，很难达成和平协议，更何况我们必须面对的还有第三方的强大压力。"

民众中还有另外一个普遍的信念，特别是在贫穷阶层中，即随着法西斯主义的垮台，所有物资配给的困难都会立刻消散，我们会立刻重回资源充裕的富足时代。我收到无数请愿书，要求增加配给。

一位来自伦巴第的实业家，曾经当过大臣，他来见我，建议我立即把面包的定量增加500克。"可是我没有100万吨的粮食可以维持到下次收获的季节。""从来没有人饿死过，"这位前大臣回答说，"确定无疑，一切都会慢慢好起来的。"

这种不负责任的论调，是对局势完全缺乏了解的众多实例之一。许多知识分子完全忽视了战争本身。

在第二次世界大战中，他们对意大利感兴趣的只是如何摧毁法西斯主义的所有余孽。很少有人愿意费心记住：事实上，20年来，法西斯主义已经渗透到了国民生活的各个方面。几乎没有一个组织不是完全由法西斯党控制的。仓促行动只会导致整个国家陷入完全瘫痪，因为谁都不可能在几天内找到政治背景干净，同时又能熟练开展

---

① 即乔瓦尼·罗韦达（Giovanni Roveda, 1894—1962），意大利工会领袖、共产主义政治家、反法西斯活动家。——编者注

工作的人。

这些知识分子中有一部分人是真心实意怀着爱国情怀的，他们的真正动机是希望为国家提供自由的体制。但另外一部分人则因为他们曾经遭受过不公，只是在发泄因不公而感到的愤怒。无论事实多么残酷，必须补充的是，有许多人只是想为自己谋求职位，而这些人自然是最活跃的。

接下来，我必须谈谈政府普通公务人员的态度。虽然他们看到纳粹政权瞬间垮台，惊诧不已，但同时，他们也不相信新政府会持久存在。于是，接到了命令后，他们毫不犹豫地开始隐秘地消极抵抗，不肯不折不扣地执行我们的命令。因此政府这台机器虽然没有停下来，但运转得很慢。

很明显，在最初的麻痹状态消失后，法西斯党最活跃的成员还在试图继续他们的活动。这些死硬分子完全依靠德国人的支持——这是他们剩下的唯一获得拯救的希望。其中一些最危险的党徒遭到逮捕，被依法制裁，但这些党徒人数太多，人力难以企及，不可能把他们全部逮捕归案。这些残余分子藏身暗处，坚持不懈地鼓吹法西斯主义的产生旨在对抗共产主义；如果法西斯主义完全消失，就会出现布尔什维克式的独裁统治。他们给我的政府起了个绰号叫"克伦斯基"，并预言一个意大利的"列宁"将会崛起。

我成为政府首脑的几天后，在我与格兰迪和费代尔佐尼的一次谈话中，他们向我详细地解释了民众对我国政府中可能出现的布尔什维克式的独裁统治的担心。我告诉他们，无论最终的结果是什么，都肯定比法西斯主义好。法西斯主义腐蚀了这个国家的灵魂，最终导致这个国家陷入目前的绝望困境。

第 7 章

新政府和德国的反应

1943年7月26日凌晨，我去了维米那勒宫（Viminale Palace）。这里曾是最近几届民主政府的办公地。当我到达那里的时候，那里的警卫和一支自卫队防空炮分队（Militia anti-aircraft gunners）发生了激烈的交火。自卫队防空炮分队在对面一所房子的屋顶上部署了机枪。枪声断断续续地持续了大约一个小时，直到一名高级军官在我的命令下插手干预，战斗才结束。

接着德国大使冯·马肯森（von Mackensen）要求见我。他是一个表情很不讨人喜欢的人，即使他想表现得和蔼可亲，看上去还是很凶。他立即向我递交了一份书面抗议书，抗议人们对德国驻都灵领事馆的攻击。我回答说，由于我刚刚接管新政府，还没有见到任何下属官员，所以我不知道发生了什么事，但我将就此事跟进询问。

抗议只是一个序章，随后冯·马肯森对所发生的一切表达了愤怒，指出墨索里尼和法西斯主义的垮台震惊了德国公众舆论，破坏了他们对意大利盟友的信任，也激怒了元首，他可是墨索里尼忠实的老朋友。

我十分平静地回答说，如果在一段时间内，元首和德国人民没有被告知意大利公众舆论的真实状况，那就不是现政府的过错。一年多来，意大利人民清楚地表达了他们对法西斯主义和战争的仇恨。任何不把自己关在象牙塔里的人，任何不是瞎子或聋子的人，就一定了解民众当下的激烈情绪。几乎没有任何挣扎，法西斯主义就彻底倒台了。这证明在这个国家里，它不代表有生力量。由于我接下来必须去国王那里宣誓就职，谈话就此结束。

下午，除了正在土耳其公干的外交大臣[①]，所有新上任的大臣都来见我。几句欢迎词之后，我告诉他们星期二上午大家必须宣誓就职，内阁的第一次会议将于当天下午6点举行。

我上任之后，最重要的任务就是妥善处理德意关系，尽快停战，实现和平。

我深信，我们不得不告知德国政府，意大利必须媾和，这是墨索里尼7月19日在费尔特雷不敢走出的一步。虽然德国人不太可能同意，但我还是想告诉他们，意大利不能再继续战争。

1943年7月27日，奉维国王之命，我给希特勒发电报，通知他政府换届，并建议他来意大利会面，审查当前形势，并说国王也将出席。我将会面地点定在意大利，因为我确信，如果我去了德国，我就再也回不来了。

然而，甚至在我还没有收到希特勒的答复之前，从边境传来的消息就已经证实了所有的猜测。自7月26日以来，德国军队正在从所有关口、塔尔维西奥（Tarvisio）、布伦纳（Brenner）、雷西亚（Resia）、多比亚科（Dobbiaco）、塞尼山（Mont Cenis）的文蒂米利亚（Ventimiglia），源源不断地涌入意大利。总共至少有8个师和1个旅先后陈兵利古里亚（Liguria）、弗留利（Friuli）、朱利亚（Giulia）、罗马涅（Romagna）和托斯卡纳（Tuscany）。德国人撕下盟友的面具，立即采取了必要的措施，以确

---

① 瓜里利亚先生，职业外交家。——原注

保对伦巴第平原的控制。因此，当我收到希特勒通过冯·里宾特洛甫发来的回复，说他已于7月19日与墨索里尼讨论过局势，他认为没有必要再见面时，我已下定了决心。

我明白，如有可能，非常有必要跟德国人周旋拖延，但同时也应尽我所能，与英国人和美国人建立联系。

我知道这个决定势必会招致严重的怀疑，怀疑我作为政府首脑的忠诚，以及我对我所代表的国家的忠诚。这不是第一次了。1914年，意大利因宣布中立而受到指责，1915年加入同盟国阵营时，更是如此。很明显，继续这场战争将给我国带来彻底的毁灭。我信奉"祖国至上"的真理，纵然千夫所指，也要毫不犹豫地承担起这一巨大责任。

我还坚信，我如果能与盟军取得联系，就能争取到比英国一直坚持的"无条件投降"更好的条件。

接下来，我需要尽快肃清余孽，组建政府，并使之尽快健康运转。

第二天举行了第一次内阁会议，会议的全部内容是审查国内局势。

人民要求对法西斯主义采取迅速和激烈的打击行动，并立即惩治罪犯，这是非常正确的。彻底清除法西斯主义的余孽是一项错综复杂的工程。问题非常复杂，正如我已经指出的那样。20年来，法西斯主义渗透和支配了我们国民生活的各个方面，各类国有和半国有组织，各省和市镇的所有重要职位都由法西斯主义者把持。要一下子改变这一切，不仅事实上不可能，而且如果真要这样做，将会使这个国家陷入完全瘫痪的状态。因此，首先要从中心的重要部门开始，然后再逐渐扩展到外围。

会议决定，首先宣布立即解散法西斯党、法西斯大委员会、最高国防法庭（Supreme Tribunal for the Defence of the State）、法西斯联合商会（Chamber of Fasces and Corporations），至于青年运动（Youth Movement）这个庞大的组织，每年要花费18亿里拉，需要立即解散，将其不同部门按照性质划归各部，这样它的宝贵财产就不会因分散而受到损失。此外，应允许"下班后同盟"（After-Work Organization）继续存在，因为这个组织非常有用，为工人提供了许多福利和娱乐。可以对其进行改造，任命专员，逐步消除法西斯势力的影响，之后它就可以继续为民众提供福利。

其次，废除法西斯党联邦书记这个职位。因为这些法西斯官员的唯一职责，就是监督地方行政官员的工作，并通过他们自己的政党政治秘书们来管理市镇。这是法西斯党组织的一个典型特点，使得中央政府能够将其触角伸入哪怕是最小的地方团体。除了极少数例外，这些法西斯党联邦书记长是各省真正的"暴君"和恶棍。

在之后的内阁会议上，对于那些以任何方式反对法西斯主义而遭受不公的人，我们继续帮助他们重获正义。由于我完全依靠自己的记忆，不可能完整地记叙我们所做的一切，但我将努力总结我们所取得的成就，并描述我们必须克服的所有障碍。

众所周知，每一个政府都要依靠各省的省督来执行它的命令和指示。但我们目前面临的形势既严峻又危险，因为超过一半的省督都是法西斯政权的产物，都是从以前的联邦书记或他们的支持者中挑选出来的。通常来说，这些人除了盲目服从，没有受过训练去做其他任何事情。会议决定，尽快取代这些人，任命曾在内政部担任过各种职务的公务人员担任职业省督，并召回退休不久的人员，以补不足。内政大臣要在下一次会议上汇报进展。令大家吃惊的是，名单出来后才发现，被撤职的省督只有8个，并且这些人还都是些无名之辈，负责的都是最不重要的省份。内阁成员非常生气，责令内政大臣尽快再次提交一份解职名单，名单上不能漏掉一个法西斯政党出身的省督。内阁会议结束后，我私下会见了内政大臣，以激励他采取果断的行动。

但我很快得到消息，站在这位首鼠两端的大臣背后的人是王室事务大臣。他亲自出面干预更换事宜。我派人找来阿夸罗内公爵，提醒他，克里斯皮（Crispi）曾经要求王室事务大臣辞职，因为王室事务大臣干涉了政治事务。毫无疑问，现任王室事务大臣也在做同样的事情。事实上，我决定任命参议员里奇[①]为内政大臣时，国王并没有表示反对。

里奇曾经是一位训练有素的省督，有能力也有魄力，积极进取，行动迅速。入职后，他迅速罢免了50多个省督，各省的情况都有所改善。接受任命后，仅仅一个月，新省督便已经对形势足够熟悉，可以信心十足地采取行动。

我建议国王解雇所有由法西斯党领袖担任的外交大使，但国王给我送来一份备忘录。备忘录中指出，只有那些实际上犯下罪孽的党徒应被辞退，现在还未到惩罚前政权代表的时候。这份备忘录保存在维米那勒宫的保险箱里，后来被法西斯分子发现，墨索里尼在他的《一年的故事》（*The Story of a Year*）一书中也提到了这件事。

个中情形错综复杂，但不了解内情的普通民众不明白为什么那么多的法西斯分子仍旧继续占据他们以前的职位，并开始抱怨政府。

[①] 即翁贝托·里奇（Umberto Ricci，1879—1946），意大利著名学者、经济学家、政治家。——编者注

另一个紧迫的问题是新闻和宣传问题，这是由大众文化大臣负责的。我们已经选择了一名前外交部成员担任这一职务。此人值得信赖，也很聪明，但对自己的新工作领域并不熟悉。很快就可以看出来，他没有能力控制这个骚动的组织。接替他的是前大使加利[1]，我知道他有能力处理许多正在展开的阴谋。

特别棘手的问题是如何收编法西斯自卫队。

在法西斯主义刚刚盛行的最初几年里，法西斯自卫队主要由志愿者组成，但后来，随着兵营数量的增加，自愿入伍已经无法招募到足够的人，不得不采取征兵入伍的办法。所有为谋生而需要工作的人，都必须是法西斯党党员，而所有法西斯党党员，都必须服兵役，都必须应召加入武装部队或法西斯自卫队。

但问题是，我们发现，当国家处于战争状态时，要解散所有的法西斯自卫队，不可能不对整个军队造成重创，必须找到临时的解决办法。我们决定，将法西斯自卫队打散，编入正规军，不允许再佩戴法西斯党员徽章，开除所有激进狂热的法西斯军官。对司令部成员也进行了重组，任命一位精力充沛、忠心耿耿的将军为总司令。对驻守边境、林业、防空、港口、公路及其他民兵组织也采取了类似的改编措施。最棘手的当数墨索里尼营。这个营由年轻、狂热的志愿军组成，德军为他们提供坦克。他们组成了一个装甲师。卡尔维·德·贝尔戈罗将军[2]（General Calvi de Bergolo）奉命指挥这个师。他在铲除不良分子方面表现出了极大的干劲。

---

[1] 即卡洛·加利（Carlo Galli, 1878—1966），意大利外交官。——编者注

[2] 即贝尔戈罗伯爵（Count of Bergolo）乔吉欧·卡洛·卡尔维（Giorgio Carlo Calvi, 1887—1977），意大利国王维托里奥·埃马努埃莱三世的女婿，意大利将军。——编者注

墨索里尼一直梦想创建自己的军队，只效忠他一人。法西斯党领导人，特别是博塔伊，甚至断言所有步兵都应该是法西斯军团成员。然而，这个计划只是部分实施，从来没有得到过墨索里尼的正式支持。

一般的改革措施正在实施，重要职位由那些确实有能力且诚实忠诚的人担任，同时我们开始逮捕最危险的分子，即因效忠法西斯政权或有犯罪前科而恶名昭著的法西斯主义分子：最高国防法庭庭长特林加利[①]、布法里尼·圭迪[②]、博塔伊、泰鲁齐[③]、与法西斯党前总书记法里纳奇关系密切的卡瓦莱罗元帅及穆蒂[④]（Muti）。穆蒂试图拒捕，被一个卡宾枪骑兵开枪打死了。法里纳奇设法逃到了慕尼黑，而齐亚诺则人间蒸发了。

此外，在此期间，政府还采取了其他三项措施。

第一项措施是清算资产。最高法院院长成立了一个特别法官委员会，以审查在法西斯主义统治期间非法敛集的资产。经过适当的调查，为了国家的利益，依法扣押所有非法获得的钱财。这个举措在公众中广受欢迎，成千上万的人对法西斯主义口诛笔伐。后来，法西斯共和国（Fascist Republic）在无线电上宣布，此举无异于巧取豪夺，因为我

---

① 即卡萨诺瓦·特林加利（Casanuovo Tringali，1888—1943），意大利政治家。1932年到1943年担任最高国防法庭庭长；1943年9月担任意大利共和国司法部长。——编者注

② 即圭多·布法里尼·圭迪（Guido Buffarini Guidi，1895—1945），意大利军官和政治家，1945年因战争罪被处决。——编者注

③ 即阿蒂利奥·泰鲁齐（Attilio Teruzzi，1882—1950），意大利将军，曾任意属非洲大臣。——编者注

④ 埃托雷·穆蒂，14岁时参加了第一次世界大战；在阿比西尼亚（Abyssinia）和西班牙参与过作战；法西斯党委书记（1939—1940）；空军飞行员。1943年8月24日，在"大清洗"期间被捕，试图逃跑时被枪杀。——原注

国的法律也带有法西斯主义的印记。事实是，带有法西斯主义印记的不是法律，而是财富。

第二项措施与犹太人有关。当时，要公开废除所有的种族法，而同时还要确保不与德国人，或者更准确地说，不与希特勒发生暴力冲突，是不可能的。希特勒不仅积极推进这项立法，还强迫墨索里尼也照做，而墨索里尼几个月前还在上议院宣布，意大利不存在犹太人问题。我派人去找犹太人代表，告诉他们，虽然目前还不可能废除这些法律，但也不会付诸实施。

第三项措施是释放所有因政治观点而被关进监狱或遭到监禁的人。首先我们需要甄别对他们的判决完全是出于政治原因，这花了一段时间，再加之缺少船舶，很难为那些被拘留在岛上的人提供有效的交通工具。媒体敦促政府采取更迅速的行动，但我们已经做了一切可能做的事情。

法西斯暴政的可耻篇章就此结束。

我们的财政状况令人十分担忧。我对此不甚了解，但可以很清楚地看到，虽然银行几乎没有什么新的强制结清的贷款，但新的纸币正在印刷，特别是币面价值很高的纸币。我要求财政大臣就我们的货币状况做一份全面的说明。这一声明首先向内阁宣读，然后在报纸上公开发表，并给人留下了极其深刻的印象。根据这份声明，公共债务有600多万里拉，但流通的钞票只有100多万。财政大臣指出，由于许多半国有组织中存在着严重的财政混乱，实际情况甚至更糟。

最后，我将简要地叙述一个关于墨索里尼政府的行动，就此结束本章。

此前我已经说过，墨索里尼被带到了罗马卡宾枪骑兵队的兵营里。这当然只是一个临时的措施。墨索里尼提出，他希望回到他的夏季住所罗卡城堡，但博洛尼亚（Bologna）省督，尽管是一个狂热的法西斯主义分子，却拒绝承担责任。他宣称，没有警卫能够阻止愤怒的人民抓住这位前独裁者，并立即审判他。

尽管墨索里尼的妻子和孩子没有被认为应该对他的行为负有责任，但为了他们自身的安全，他们还是被送到了罗卡城堡。墨索里尼自己则被转移到了蓬扎岛（Ponza），几天后我们又不得不把他送往拉马达莱娜（La Maddalena），因为罗马的每一个人都知道他在哪里，也公开谈论他的下落，同时我们也得随时预防德国人会发动突袭营救他。但很快拉马达莱娜也不再安全，我们只好在无数的保密措施下，将他带到阿布鲁佐山区的帝皇台①（Campo Imperatore）。结果也一样，他的去向尽人皆知，很难成为长久的秘密。

德国人的做法也令我十分恼火。墨索里尼被捕后，凯特尔元帅立即以德国国家元首的名义，要求会见墨索里尼。遭到我的断然拒绝之后，他写了一封公开信。我把这封信转给了墨索里尼。然后希特勒亲自介入，寄来一个巨大的箱子，里面有尼采（Nietzsche）的作品，装订精美，附带深情的题词。他不断地打听这件礼物，直到墨索里尼亲笔向他致谢为止。

---

① 帝皇台，得名自神圣罗马帝国皇帝腓特烈二世的营地，是一片由冰川和喀斯特冲积平原形成的广阔高原。帝皇台上建有多处科教文娱设施，拥有同名的高山滑雪场、高山植物园及天文观测站。帝王台酒店位于海拔2130米处，因在1943年8月至9月关押贝尼托·墨索里尼而闻名。——编者注

第 8 章

停 战

1943年7月29日，驻土耳其大使瓜里利亚[1]乘飞机抵达罗马，我曾向国王推荐他担任外交大臣。我过去对瓜里利亚非常有信心，现在也是。他头脑敏捷、洞察力强、性格开朗，是一个很有文化修养的人。

瓜里利亚落地后，立刻来拜访我，并告诉我他完全同意我的观点。他离开伊斯坦布尔（Istamboul）时，非常坦率地跟土耳其外交部长畅谈了一次，并拜托他把自己的话转达给驻土耳其的盟军代表。瓜里利亚表示，虽然自己无权同盟军各政府进行任何联络，但自己可以向他们保证，他坚信意大利正要改变政策。我向他介绍了目前我们面临的状况，他完全同意我的看法，即如果要对拟议中的谈判保密，就必须让尽量少的人知道。如此微妙的问题甚至不能在内阁讨论。接着，我告诉瓜里利亚，我曾通过我们的驻外武官向柏林方面、向驻意大利的德军总司令凯塞林元帅[2]提出抗议，抗议派遣德军进入意大利，但我没有收到任何答复。

我还告诉他，我已经问过总参谋长安布罗西奥将军，我们是否有

----

[1]　即拉法埃莱·瓜里利亚（Raffaele Guariglia，1889—1970），1943年担任意大利外交大臣。——编者注

[2]　即阿尔贝特·凯塞林（Albert Kesselring，1885年11月30日—1960年7月16日），第二次世界大战期间的德国空军元帅。在盟军登陆意大利后，凯塞林也组织部队进行极为顽强的抵抗，一直到1944年10月意外受伤。——编者注

足够的军队抵抗德军的入侵。他回答说，由于我们的兵力有限，也无法将分散的兵力迅速调集在一起，目前我们不可能采取任何行动。

瓜里利亚接着说，当时他立即同英国驻罗马教廷大使和美国代办取得了联系，以查明是否有可能在他们的政府和意大利政府之间建立联系。英国驻罗马教廷大使奥斯本先生[①]告诉我，很不幸，他使用的密码太陈旧了，几乎可以肯定，德国人一定能够破译，他不建议我们用这套密码同英国政府进行秘密通信。不过，奥斯本先生承诺说，他会向他的政府申请一套绝对安全的新密码，但目前我们不可能使用密码发报这种建立通信的方式。美国代办凯南先生（Mr. Kennan）则答复说，他并没有专用通信密码。

1943年8月1日，我收到了希特勒的一封电报，他提议8月6日在塔尔维西奥召开一次会议，以审查局势。德方代表是冯·里宾特洛甫和凯特尔元帅。我立即通知了瓜里利亚电报的内容。为了不引起德国人的怀疑，我们决定同意。同样重要的是，我们也不能引起英国人和美国人的怀疑，我们决定采取以下步骤：

一是派遣一名外交部官员去里斯本（Lisbon），向同盟国解释意大利的政策。这位外交官需要向盟国清楚地解释我们的立场，即我们同意跟德方在塔尔维西奥开会，只是为了让德国人放松警惕，打消德国人日益增长的猜疑，以避免他们采取比现在更加严厉的措施来对付我们。跟伦敦和华盛顿等各国政府之间的这次沟通应在8月4日之前完成。

---

① 即达西·奥斯本（D'Arcy Osborne, 1884—1964），1934—1947年任罗马教廷特使和全权公使。——编者注

二是派遣一名外交部官员去摩洛哥丹吉尔（Tangier），跟在那里的英国首相做类似的沟通。

三是8月12日，安排一列专列，派遣一个军事代表团和一些外交部官员乘坐专列前往里斯本，进行停战协定谈判。

安布罗西奥将军建议派卡斯泰拉诺将军[①]去里斯本谈判，由外交部的蒙塔纳里博士[②]随行。蒙塔纳里博士能说一口流利的英语。我向安布罗西奥将军解释说，除讨论停战协定的条款之外，卡斯泰拉诺将军还必须向同盟国说明我们的悲惨处境——整个意大利都被德军占领，我们绝对需要立即得到帮助，以使我们能够应对德国人不可避免的、狂怒激烈的反应。

从这一点可以看出，我作为政府首脑，以及瓜里利亚作为外交大臣，在试图向盟国解释我们的政策这个问题上，都没有忽视任何事情或浪费任何时间。

轴心国会议于1943年8月6日在塔尔维西奥举行，充满了怀疑和猜忌。会议没有达成任何决议。我坚持认为，鉴于整个欧洲面临的迫在眉睫的威胁，应允许我们把在俄罗斯和巴尔干半岛的意大利军队撤回国内，这一主张得到了安布罗西奥将军的支持，但遭到了与会代表的拒绝。轴心国代表们表示，他们理解并接受瓜里利亚对我们行动的解释。会后，他们的报刊和广播几乎没有提到这次会议，也没有发表任

[①] 即朱塞佩·卡斯泰拉诺（Giuseppe Castellano，1893—1977），意大利将军，他是墨索里尼的女婿，齐亚诺的密友。他参与了罢免墨索里尼的行动。他于1943年9月8日与盟军谈判并达成停战协定。——编者注

[②] 即佛朗哥·蒙塔纳里（Franco Montanari，1905—1973），意大利外交官。——编者注

何不明智的评论。这是我们唯一达成的积极成果。[①]

所有有关停战请求的问题都解决后，我派人请来安布罗西奥将军，一起决定应采取什么措施，来保护我们的主要海军基地拉斯佩齐亚（La Spezia）免遭德军的突然袭击。为了确保罗马能够进行一定程度的抵抗，我们决定将五个完整的师集中在附近，并从另外两个师抽调精锐分遣队，交给一位精力充沛的指挥官指挥。在安布罗西奥将军的建议下，卡尔博尼将军[②]被选为指挥官，担任陆军参谋长。

为了帮助大家充分理解后来的罗马保卫战，我认为有必要解释一下我们具体采取了哪些步骤。

首先，根据外交大臣的意见，我们再次宣布罗马为不设防城市。墨索里尼曾经这样做过，但他随后就忘记了自己的声明。德国人虽然很恼火我们的做法，但并没有提出任何强烈的反对意见。然而，事实上，这仍然是一个单方面的声明，从未被英美所接受。尽管如此，我们还是遵循了所有必要的程序：所有的军事总部都搬到城外，驻扎在不设防城市的边界之外；保护区的周长约为17英里；请瑞士驻罗马大使负责实施我们宣布的所有措施。

其次，尽量建构我军防线。我军在不设防城市的边界上布防，防线非常薄弱，我军虽然可以进行一些抵抗，但想要击退一支装甲部队

---

① 之后瓜里利亚向内阁汇报了本次会晤的情况，因为我知道我的同僚是多么渴望得到消息。瓜里利亚汇报结束后，我介绍了我们自己的军事状况，以及德军在意大利的情况。但我对我的计划只字未提。为了保密，知道的人越少越好。当然，我也没有提及达成停战协议的步骤。——原注

② 即贾科莫·卡尔博尼（Giacomo Carboni, 1889—1973），意大利将军。1943年7月，他负责保卫罗马，并抵抗德国人。尽管他指挥的部队是最现代化的、数量也占优势，但他并没有攻击德国军队。罗马解放后，他因保卫罗马失败而被调查。——编者注

是不可能的。同时我们也没有足够的部队来修筑更严密的防线。

最后，我和安布罗西奥将军还一起起草了一系列的指令，发给意大利和其他战区的所有指挥官，告知他们停战达成后的行动路线。这些指令都要由能在关键时刻到达的军官携带。安布罗西奥将军告诉我，由于他考虑这样一个应急方案已经有一段时间了，指令已经差不多准备好了，现在只需要做最后的润色。

另外还有两件我比以往任何时候都更急于尽快解决的事。

第一，在德国人的建议下，在博洛尼亚召开了一次由意大利王国和德国军官参加的会议，讨论有关德意联军所守阵地的问题。这次会议也是在互不信任的气氛中召开的。在一定程度上，德军的威胁几乎不加掩饰。这次会议没有达成任何决议。

第二，1943年8月17日，面对在数量和装备上占优势的盟军，德意联军被迫放弃西西里岛。

接下来进入停战协议的实质性谈判阶段。

1943年8月28日，自里斯本归来的卡斯泰拉诺将军抵达罗马，带着同盟国拟定的停战协定的条款。我花了一天的时间仔细审查协定的条款，因为在我看来，这些条款非常苛刻，有些我们甚至不可能执行。然后，我带着协定觐见国王，向他解释了情况。8月30日，在我的办公室，我接待了安布罗西奥将军、卡斯泰拉诺将军和外交大臣，并指示卡斯泰拉诺将军按照他与盟军最高司令部的约定，于次日前往西西里。他需要向盟军解释的是：第一，意大利没有能力履行停战协定，因为意大利的武装力量比德军要弱得多，如果开战，很快就会被消灭；第二，盟军至少应在一个适当地点登陆15个师的兵力之后，才能确保双方安全达成停战。

1943年8月31日，卡斯泰拉诺将军会见了艾森豪威尔[1]将军的总参谋长比德尔·史密斯将军[2]。比德尔·史密斯将军表示，在里斯本达成的条款不能更改，意大利政府只能接受或拒绝协定。他补充说，盟军将首先在大陆上登陆三四个师，以击退德军。几天后，15个师将在另一个地方登陆。盟军主力登陆前的6个小时，艾森豪威尔将军会通过无线电，宣布接受我们的停战请求，随后我们也应立即通过无线电宣布相同的内容。

卡斯泰拉诺将军希望至少告诉我们主登陆地点，以便我们进行适当的部署，但比德尔·史密斯将军拒绝给出任何暗示。他还说，如果这些条件不被接受，那么意大利将面临更严苛的条款，届时，包括罗马在内的所有城市都将被夷为平地，我们所有的工业都将被摧毁殆尽。在后来的秘密讨论中，得知盟军不会像我们希望的那样在罗马北部登陆时，卡斯泰拉诺将军和比德尔·史密斯将军制订了一个保卫这座城市的计划。双方同意，在停战之夜，一个盟军空降师会在罗马郊外登陆，而一个盟军装甲师则在台伯河口（Tiber）登陆。

1943年9月1日，卡斯泰拉诺将军从西西里回来后，我跟外交大臣瓜里利亚、安布罗西奥将军及卡斯泰拉诺将军举行了一次会议。他们都赞成接受盟军提出的条件。我立即觐见国王，以获取他的首肯，随

---

① 即德怀特·戴维·艾森豪威尔（Dwight David Eisenhower，1890年10月14日—1969年3月28日），美国政治人物、陆军将领。第二次世界大战期间，担任盟军在欧洲最高指挥官。——编者注

② 即沃尔特·比德尔·史密斯（Walter Bedell Smith，1895年10月5日—1961年8月9日），是美国陆军退役四星上将、政治家、外交官、中情局局长。他曾在突尼斯战役和入侵意大利期间担任盟军司令部艾森豪威尔将军的参谋长。后在1944年到1945年，为欧洲盟军远征军最高司令部艾森豪威尔总帅的参谋长。——编者注

后便通知安布罗西奥将军接受停战协议。卡斯泰拉诺将军于9月2日再次返回西西里，于9月3日正式签署了停战协定。9月5日，陪同卡斯泰拉诺将军前往西西里的马尔凯西少校（Major Marches），将所有有关文件带回罗马。根据协定，停战日期为9月10日至15日，根据比德尔·史密斯将军的一份正式函件，停战日期极有可能为9月12日。在文件中有给盟军空降师的登陆命令，而登陆需要我们的合作。完成这个行动将需要至少7天的时间。因此，在提交这些文件时，安布罗西奥将军确认我们可以将9月12日视为正式行动的日期。

9月8日凌晨2点左右，卡尔博尼将军、美国泰勒（Taylor）将军和另一名美国军官来到我家。泰勒将军是来跟我军最高司令部协商空降师的登陆事宜。但由于我方总参谋长不在罗马，要第二天上午10点才能回来，所以卡尔博尼将军主动把两位美国军官带到我家。泰勒将军是一名优秀的将士，他曾是1921年我在西点军校检阅时的学员。他告诉我，与人们所说的相反，停战即将来临，可能就在9月8日当天宣布。

我说为了安全起见，空降师只能在9月9日晚上开始降落，需要4~5天的时间，整个空降师才能全部着陆。但如果主力部队登陆日期提前到9月8日，两个行动同时开始，很难配合。卡尔博尼将军随后说，他还需要几天时间向他的军队发放弹药和汽油。

鉴于如上这些事实，我起草了一份电报，发给艾森豪威尔将军，提到意大利政府愿意与盟军合作的愿望，以及希望得到机会来证明我们对盟军的忠诚。之后我坚持认为，为了配合军事行动，应该按照我们最初的决定，将停战推迟到9月12日。9月8日上午，总参谋长回来了，给盟军准备了一份通知，要求他们修改其中部分环节，并将停战至少推迟到9月12日。这封照会经我核准后，已交给副总参谋长罗西（Rossi）将军。他征得同盟国同意后，立即乘飞机前往参战盟军司令部（Allied Headquarters）。

这里我需要说明一下，卡斯泰拉诺将军从里斯本回来时，带回了一台无线发报机。那是盟军最高司令部（Allied High Command）给他的，带有一套美国的密码。这样一来，8月29日以后，我们就能与盟军驻阿尔及尔（Algiers）最高司令部经常保持联系了。

9月8日下午5点30分，我们收到一份由艾森豪威尔将军签署的电文。电文要求意大利政府于当天晚上8点宣布停战。如果不这样做，艾森豪威尔将军将宣布9月3日签署的停战协定不再有效，并在阿尔及尔和伦敦的电台，对外公布到那时为止意大利政府与盟军最高司令部正在进行的谈判。

收到这封电报后，我大吃一惊。很久以后，我才得知，盟军最高司令部得知意大利的危险状况后，担心我国政府会被德国人推翻，从而导致停战协定无法生效，因此盟军最高司令部希望避免拖延，加快进展。

这个决定完全打乱了我们的计划，把我们推到了毁灭的边缘。艾森豪威尔将军后来承认了这一点，9月8日晚上他从罗西将军那里听到我们坚持认为停战应推迟到9月12日的理由。他坦率地说："我承认我犯了一个错误，但现在最重要的是，为了共同的利益，竭尽全力地合作。"为了补偿这个匆忙的决定给我们带来的麻烦和痛苦，从那一刻起，艾森豪威尔将军对我们的需要表现出了充分的理解，对我们国家不幸的命运表现出了深挚的同情。

我立刻出发，去觐见国王。陪同我一起去的人还有：王室事务大臣、外交大臣、陆军大臣、海军大臣、空军大臣、总参谋长、副总参谋长（总参谋长当天因公缺席）、卡尔博尼将军和马尔凯西少校。当时是下午6点15分。

安布罗西奥向国王解释了当前我们面临的困境。他说，停战即将开始，但我们的军队尚未到达新阵地。陆军大臣和卡尔博尼将军不相信英美两国会履行承诺，并且鉴于德国人的反应可能会很激烈，他们赞成拒绝停战。马尔凯西少校指出，即使同盟国没有完全履行他们的承诺，拒绝接受9月3日签署的停战协议也会对我们造成严重的损害。外交大臣则宣布，现在比以往任何时候都更有必要"坚持到底"。我解释说，我们目前只有两条路能走：要么国王必须公开否认我的所作所为，宣布我的行为是在他不知情的情况下进行的，并解除我政府首脑的职务；要么我们必须接受英国人和美国人强加给我们的条件，不论结果如何。国王表示，现在已不可能改变政策，我们必须接受停战协议。

与此同时，我们的信息监控部门发来警告，告知我们，英国BBC电台正在广播一条消息，说意大利已经要求停战，不久之后又宣布说，艾森豪威尔将军已经宣布，同盟国接受意大利政府的停战要求。现在没有时间可以浪费了。会议散会，我即刻出发，赶往罗马广播电台，做了如下宣告：

> 意大利政府认识到，面对敌人的压倒性力量，不可能再继续战争。为了使国家免于更大的灾难，意大利政府已要求盟军总司令艾森豪威尔将军停战。停战请求已被接受。因此意大利武装部队对英美联军的一切敌对行动现在必须停止。然而如有必要，我们将击退来自任何地方的攻击。

公报被记录下来，并不时地重复。与此同时，外交大臣安排将此消息电报通知柏林、布达佩斯（Budapest）、布加勒斯特（Bucharest）和索非亚（Sofia）。

第 9 章

从罗马到布林迪西

对于我们与盟军的关系这样重要的问题，似乎非常有必要连续叙述，因此我暂时未提及目前正在发生的其他事件，因为它们与主题无关。现在我重新回到国家内政这个话题上。

政府继续在中央大力推行消灭法西斯主义的政策。但由于任命新的省督所造成的困难，各省推进速度都较慢。

布尔兹和罗韦达，一个社会主义者和一个共产主义者，被提名为工人联合会的领导人。他们对北方城市的干预，抑制了当地民众的冲动。负责处理贪污和投机案件的法官委员会已经开始工作，希望经过适当的审议后，能取得具体的结果。经过精心挑选的人员被任命为半国有组织、银行和其他大型企业的董事。

政府收到的一则消息很快如野火般蔓延开来，说为了抗议继续战争，工人正在组织一次大罢工。罢工将在9月举行。然而，当我咨询了各政党的领导人后，他们一致宣布罢工不是他们组织的。他们随即表示将发表一份宣言，敦促工人们不要理会来自国家敌人的宣传。（1943年）8月30日和31日，宣言出现在媒体上，罢工也因此并未举行。

是谁在策划组织这次罢工，妄图破坏秩序，再明显不过了。纳粹想要证明，在这个关键时刻，意大利政府无能为力。他们想搞垮现政府，然后组织任命一个完全服从德国的新政府，或者任命一个由法西斯分子和德国人共同组成的政府。

由于罢工计划没有成功，德国人决定，通过暗杀现政府的首脑来打击政府更容易，也更有利可图。9月2日早晨，我刚到办公室，新闻处的主任（Chief of our Information Service）就来跟我说，罗马的党卫队要暗杀我。随后不久，这一消息就得到卡宾枪骑兵队总指挥和警察局长（Chief of Police）森西（Sensi）阁下的证实。他们告诉我，袭击将在我离开或进入我的房子时进行。墨索里尼曾经一度非常支持在罗马建立一支德国警察部队，由某个叫多尔曼（Dolman）的人领导。森西阁下告诉我，他还没有查清楚特工的确切人数，但总数肯定超过6000人。这群特工曾占据过一些不允许任何人进入的旅馆和私人住宅，但森西阁下还是设法在他们中间安插了一些可靠的线人。

我认为唯一的解决办法就是，告诉德国当局我已经知道他们的计划了。于是我派瓜里利亚去德国大使馆，谴责这一阴谋，并告诉德国大使，我会在中午12点准时离开维米那勒宫，并沿着平常会走的路线回家。如果我受到袭击，那么全世界都会知道是德国人干的。

这样做达到了预期的效果，我没有受到任何袭击。第二天，我收到冯·里宾特洛甫的一封电报。他在电报中宣称，所谓暗杀事件纯属我们的想象，因为德国的外交政策完全由希特勒一人决定。他还询问了那些告密者的姓名。显然对德国人而言，暗杀是可以归属在外交政策这一题目下的活动之一。

正如我所预见的那样，冯·马肯森并没有长期担任驻意大利大使，而是被召回德国。他的继任者是拉恩（Rahn）。拉恩曾是波希米亚的一个地方长官，在那里他以残暴的压迫而出名。到任后，拉恩立刻来拜访我，和我进行了长时间的讨论。他说，墨索里尼的垮台和法西斯党的毁灭激怒了元首。拉恩还说，德国现在最不信任的就是意大利，就是我领导的意大利政府，而减少这种不信任的唯一方法，是立即采取三个重要而果断的步骤。因此，他建议我：

（一）暂停一切针对前法西斯党成员的行动；

（二）将所有意大利武装部队的指挥权移交给隆美尔元帅，他是驻意大利的德军的统帅；

（三）不要对隆美尔元帅的计划提出任何反对意见。

拉恩表示，他不希望把整个意大利变成战场，只是想把他的军队集中在拉斯佩齐亚和里米尼（Rimini）之间的战线上，在那里与入侵者作战。

对此，我自然断然拒绝。我告诉他，通过消灭法西斯主义，政府只是实现了意大利人民明确表达的愿望，他们决心不再与腐败的暴政有任何关系。至于隆美尔元帅的战略计划，我注意到，这与凯塞林元帅（直到那时他还在意大利境内指挥德军）多次表达的想法完全相反。凯塞林元帅想要一步一步地保卫半岛，但无论如何，意大利人民都不会同意不战而放弃三分之二的领土。

拉恩让我考虑一下他所说的话，并宣布他还会再来找我，再做进一步的讨论。但事态的发展不允许他再对我进行这种不受欢迎的拜访。

此时还有一件事，我必须顺便提一下。

一天早晨（具体日期我不记得了），一个耸人听闻的消息传遍了罗马：希特勒被杀了。罗马总是有很多休假的德军官兵。听到这个消息后，几乎所有这些德军官兵都开始喧闹而快乐的游行、叫喊、互相亲吻并与我们的人愉快地友好相处。毫无疑问，这是一场自发的游行，只是很快就被装载了机关枪的坦克镇压了下去。这些坦克很快就穿过街道，向各个方向行进。

接下来是为停战所做的准备。

之前，我曾经提到过，我已命总参谋长安布罗西奥将军准备好需要下达的指令，如果我们成功达成停战协议，就给国内和海外所有驻兵下令，让他们采取行动。但出于安全考虑，这些指令不能提前发出，以免落入德国人之手。但在9月3日上午，我认为不宜再等下去了。于是，我召集外交大臣、陆军大臣、海军大臣和空军大臣，在我办公室召开了一次会议。说明了情况之后，我下令立即把这些指示传达给所有的指挥官，确保务必让大家知道届时应该采取什么行动。总参谋长安布罗西奥将军说，几天前，他亲自秘密向撒丁岛和科西嘉岛的指挥官下达了命令，他还将把同样的命令发送给东线的陆军各集团军司令部。

我又一次和总参谋长安布罗西奥将军讨论了罗马的防御问题。我想确定我们已经做好了恰当的安排。他向我保证，卡尔博尼将军已经做好了准备。他已指示卡尔博尼将军，如果意外情况迫使政府和军事首领离开这座城市，卡尔博尼将军将负责指挥城里和城外的所有驻军，并指挥防御工作。

我这才放下心来。我相信，我们已经为即将到来的严峻局面做好了一切可能的准备。

1943年9月8日晚上，我通过无线电宣读了停战宣言后，就直接去了战争部。我深信为了防止党卫队可能发动的进攻，我和王室成员及总参谋长安布罗西奥将军最好一起住在那里。战争大臣已经下达命令，调集一支作战能力强大的部队，在大楼内外执勤，以保护大楼免受德国人的可能攻击，并且住在这里，我还可以通过电话或无线电台，联系到从罗马到布林迪西的每一个人。吃了一些东西后，我在为我准备的房间里躺下来，因为这一整天跌宕起伏的激烈情绪已经弄得我精疲力竭了。

凌晨4点，我被叫醒，因为有重大消息传来。在另一个房间里，我见到了战争大臣、总司令安布罗西奥将军和陆军总司令罗阿塔将军。罗阿塔将军用最悲观的语言向我描述了我军被德军装甲分队和空降分队猛烈攻击的情况，双方已经在圣保禄门①(Porta S. Paolo) 附近交战过一次。罗阿塔将军的意见是，考虑到德军进攻的强度，我军的防御可能不会持续很长时间，因此为了避免国王沦为阶下囚，国王、王室成员及政府要员应该经由仍旧能够通行的提布提纳道②(Via Tiburtina)，立即撤离罗马。罗阿塔将军还补充说，为了防止城市遭到严重破坏，防止分散的军队在零星的袭击中被各个击破，他已命令卡尔博尼将军集中兵力，向蒂沃利(Tivoli) 撤退，因为那里的地形可以进行更有效的防御。安布罗西奥没有对罗阿塔将军的发言发表任何评论。

此刻，我必须做出重大决定，并且必须在短时间内做出决定。我必须通盘考虑所有因素。对我来说，有一个问题比其他所有问题都重要，那就是必须不惜一切代价与同盟国持续保持密切联系。只有这样，卡斯泰拉诺将军根据我的命令签署的停战协议才能继续生效。只有这样做，意大利才不会被视为敌国，而是一个庄严宣布了自己意图

---

① 罗马建于3世纪的奥勒良城墙南侧的城门之一，其西侧是埃及式样的塞斯提伍斯金字塔，以及罗马非天主教徒公墓。——编者注

② 古罗马道路之一，自罗马出发向东北延伸至蒂沃利和佩斯卡拉。这条道路开辟于公元前286年。现在意大利有一条国道的路线和提布提纳道相同。——编者注

为共同事业与英美共同战斗的国家。政府如果继续留在罗马，将不可避免地被德军俘虏，德国人会迅速扶持一个法西斯政府取而代之，然后宣布拒绝停战。我们必须不惜一切代价避免这场灾难的发生，因为这将意味着意大利的彻底毁灭。匈牙利后来发生的事，证明了我的想法完全正确。在该国，上午，霍尔蒂上将[①]宣布停战后，随即遭到德国人的逮捕，被迫取消先前的声明，并宣布匈牙利将继续战争。每个人都知道这一声明对他不幸的国家可能造成的可怕后果。

还有一个至关重要的问题，就是罗马的命运。保卫首都能做的一切可能工作都已经做了，但罗阿塔将军所描述的状况不容拖延。必须立即做出决定，以避免战火蔓延到市中心，最终全城不可避免地被烧，变成一片废墟。

所有这些考虑都令我得出一个结论，那就是不惜一切代价离开，设法南下，以便跟同盟国保持联系。

这个决定，虽然合乎逻辑，无可争议，但作为一名军人，却使我非常反感，遭受了巨大的痛苦折磨。如果我在这个生死存亡的危急时刻，率先离开了战场，意大利人们会怎么看待这种行为？会理解我必须离开的苦衷，还是会将之归咎为最卑鄙的动机？但我内心激烈的斗争并没有持续太久。我作为一名军人身经百战，曾经的战绩可以表明，我此刻的行为并非出于任何卑下的动机。我的任何个人顾虑都必须放下，国家的最高利益必须是至高无上的。于是我说，我同意罗阿塔将军的命令，决定经由提布提纳道撤离罗马。

---

① 即霍尔蒂·米克洛什（Horthy Miklós，1868年6月18日—1957年2月9日），奥匈帝国和匈牙利王国军人、政治强人与外交官。他积极打压法西斯主义者和共产主义者，第二次世界大战期间被纳粹德国推翻，流亡葡萄牙。——编者注

在安布罗西奥将军在场的情况下，我让战争大臣索里切将军立即通知所有大臣我的撤离决定，以及撤离后的会合地点佩斯卡拉（Pescara）。下达了这些命令后，我来到王室成员过夜的公寓，向国王通报了我离开罗马的决心，表示我们将通过提布提纳道，撤到佩斯卡拉。我毫不隐瞒地告诉国王，接下来会发生什么事不可预知，有可能，甚至是很有可能，我们都会在中途被俘。

国王没有提出任何反对意见，但有一点必须明确，撤去佩斯卡拉的决定是由我一个人做出的。

当时负责全盘军事指挥的安布罗西奥将军也在场，他告诉我，他还有一些命令要下达，随后他会跟我们一起撤离。

也许读者可以允许我在这里提及一件我的家事。我儿子马里奥（Mario），驻丹吉尔（Tangier）前总领事也跟我在一起。他虽然没有担任任何正式职务，但还是给了我很大的帮助：与所有政党的代表保持密切接触，接待了大批民众，并在晚上与我讨论他白天收集到的所有消息。9月8日至9日这个晚上，他和我一起留在了战争部。当我决定离开罗马时，我命令他留在城里，因为我很有可能无法成功撤离。他在1943年9月到1944年4月间的所作所为许多人都知道，而我只能说我为他感到骄傲。在复活节的星期一，他因为一个法西斯分子的背叛而被捕，并被带到了德国。

我们乘坐五辆汽车，直奔蒂沃利。途中，至少有三次，我们被控制站拦住，但随即便得到允许继续前进。无数坦克在通往罗马的路上列队前进，虽然我们相信这是我军的民兵师的坦克，但不能确定，因为我们听到有些人在用德语大声叫喊。

到达克雷基奥（Crecchio）后，迪·博维诺公爵和公爵夫人（Duke and

Duchess di Bovino）接待了我们，海军总司令也在场。他说，他已向波拉（Pola）和塔兰托（Taranto）的海军基地发了电报，要求他们迅速调派"非洲"（L'Africano）号巡洋舰和两艘轻巡洋舰到佩斯卡拉，但他不确定那边基地是否已经收到了这些命令。即便收到了，也不确定他们是否能够按时执行任务。

下午，我们到达佩斯卡拉机场。安布罗西奥将军也紧随其后赶了过来。我向他打听国防部的最新消息。他说他着急离开时，索里切将军还在办公室，不过他认为将军很快就能赶过来，跟大家会合。与此同时，拉涅里上校（Colonel Ranieri）调集的一些飞机已经成功在机场降落，但那艘巡洋舰和两艘轻护卫舰还是不见踪影。我们不能乘坐飞机离开，因为王后患有心脏病，不适宜乘坐飞机。但留在佩斯卡拉就太荒谬了，因为德军可以毫不费力地追过来。最后，我派去北方的一架侦察机返回报告说，大约50英里外，有一艘轻巡洋舰正在向南行驶。午夜时分，所有人登上了轻巡洋舰，包括王室成员、海军大臣和空军大臣、总参谋长及我最忠实的私人秘书瓦伦扎诺（Valenzano）中校——他从1935年起就一直陪伴在我身边，与我患难与共。索里切将军和其他内阁大臣都没有加入我们。"贝奥内塔"（Baionetta）号轻巡洋舰如同一个小小的鸟蛤壳，往南驶向茫茫大海，根本不知道在哪儿可以抛锚。

到达东部海港城市巴里（Bari）时，我们看到一架德国侦察机在我们上空盘旋了大约20分钟，一直在发送无线信号。也许是看到上层甲板上有这么多人，感到惊讶，于是呼叫其他飞机过来攻击我们。

最终，我们达到了布林迪西，派人请来了港口的海军司令（Admiral of the Port）鲁巴尔泰利上将（Admiral Rubartelli）。从他那儿我们得知，这里驻扎有部分意大利海军，目前尚没有德军或盟军舰队来到此处。我们下了船，水手们热烈地欢迎我们，向国王和我欢呼。最后我们弃船上岸，进入布林迪西这个新意大利的第一个首都。

我没有收到任何报告，对停战时各司令部所采取的措施，无法发表意见。我不会根据零碎和未经证实的谣言做出任何判断。我们必须记住，停战指令下达就十分不易，再加之德军的凶残和背信弃义，接受和执行这些指令一定面临重重困难。我希望即将进行的调查会将这些特殊情况考虑在内。如果在某些情况下不可避免地表现出软弱，我相信，必定会涌现出更多主动请缨、英雄主义和为国家牺牲的例子。

盟军首次是在卡拉布里亚最南端登陆的，兵力非常少，主登陆点在萨莱诺。此前承诺保卫罗马的空降师和装甲师都没有到场。

第二部分

第 10 章

在布林迪西最初的日子

在布林迪西，我们要克服的第一个困难是找到住处。王室成员住在海军上将家里，其他所有人，包括政府要员，都挤在海军陆战队士兵的小营房里。所有人简单组织在一起，共用三餐。

　　安布罗西奥将军和罗阿塔将军立即调集所有可集结的兵力，将他们集中在布林迪西，并沿海岸布防，再加上原有的海军驻军，筑起一道防线。毕竟大家都知道，德军就在近在咫尺的焦亚德尔科莱（Gioai del Colie）、马泰拉（Matera）和巴里。

　　我在布林迪西几乎到了孤立无援的地步。

　　首先是几乎无人可用，身边只有海军大臣和空军大臣。我立即派人找来塔兰托省督H. E.因诺琴蒂[①]（H. E. Innocenti）阁下，由他出面设立国内事务办公室。关于国内事务办公室，我稍后再详细说明。

　　其次，需要跟各处尽快建立联系、了解情况。

　　幸亏我们从罗马带来了那台美国的无线电发报机，我立刻同艾森豪威尔将军在阿尔及尔的司令部取得了联系，通知盟军，国王和我被迫离开了罗马，目前暂时在布林迪西避难。我请求他派一名参谋过来，确保保持联系。艾森豪威尔将军立即答复说，他将派遣一支特遣部队过来，由英国将领弗兰克·梅森-麦克法兰（Frank Mason-MacFarlane）将军带队。特遣部队将由我指挥，以确保港口、通信工具和机场的安

---

① 下文中出现的因诺琴蒂也是指此人。——编者注

全。与此同时，盟军还送来足够多的工人，以搬运大量所需物资。这批物资将被运送到普利亚（Puglia）港。

我们与意大利其余地区没办法建立联系。巴里无线电台信号太弱，罗马几乎接收不到，所以我们决定发布两则公告，一则由国王签署，另一则由我签署。公告简要解释发生了什么事，宣布我们决定与同盟国并肩作战，把意大利从德国的枷锁中解放出来。随后，我军飞行员在每个城市都大量空投了这两则公告的副本，包括在罗马。

为了了解意大利和世界其他地方正在发生的事情，我命令安布罗西奥将军建立一套无线电系统，用以接收外国广播，并发布我方新闻公报。航空大臣对这项工作给予了宝贵的帮助。就这样，我们听到了法西斯共和国政府成立的消息，听到了德国空降部队在帝皇台附近释放了墨索里尼的消息，听到了格拉齐亚尼将军出任共和国武装部队总司令的消息。

最后，当务之急，我们需要尽快构建最基本的政府组织机构。

我设立了我的私人秘书处。秘书处只有少数几个人，但他们都像我最忠实的私人秘书瓦伦扎诺中校一样，都表现出了极大的自我牺牲的精神和工作的能力。

在安布罗西奥将军提供的人员的帮助下，我们建立了第一个核心宣传组织，开始执行每天发送无线公报的任务。与此同时，外交部的两位官员格里洛先生（Signor Grillo）和斯坦帕先生（Signor Stampa）也设法从罗马步行赶来与我们会合。我很高兴地把外交事务中最紧迫的问题交给他们处理。不久之后，蒙塔纳里博士也加入进来。由于他精通英语，成了我最宝贵、最值得信任的翻译。

西西里著名的犹太银行家族的掌门人、前财政大臣容[①]乘坐一架英国飞机，从巴勒莫（Palermo）赶来。容是一个优秀的金融专家，满怀爱国热忱，随时准备为自己的国家做出牺牲。他在一切可能的地方召集助手，在很短的时间内，就成功地建立了基本的金融服务体系，受到了同盟国的热烈赞扬。容的工作我再怎么赞扬也不为过，我只能说："配得上国家的最高荣誉。"

工商大臣皮卡尔迪[②]先去了那不勒斯，然后辗转来到布林迪西与政府会合。战争大臣暂时由总司令安布罗西奥将军担任。训练有素的电气工程师马里奥·法诺（Mario Fano）先生成功离开意大利北部。当时与我一同来到布林迪西的将军中还有铁路专家迪·雷蒙多[③]（Di Raimondo）。在这两个人的帮助下，我成立了交通部，主管铁路和电报。

（1943年）9月11日，一封从阿尔及尔转送过来的信传到我手中。这封信由丘吉尔首相和罗斯福总统共同签署，内容如下：

> 元帅敬启：
> 在你的国家遭受巨大痛苦的时刻，你勇敢地承担起落在身上的重任，采取第一个决定性步骤，成功为意大利人民赢

---

① 即圭多·容（Guido Jung, 1876—1949），一个成功的银行家和商人。1932—1935年，担任墨索里尼政府的财政大臣；1944年，担任巴多格利奥政府的财政大臣，是两次世界大战期间国家金融领域的重要人物。——编者注

② 即莱奥波尔多·皮卡尔迪（Leopoldo Piccardi, 1889—1974），意大利政治家。法西斯政权垮台后，担任巴多格利奥政府的工商大臣。1943年11月，他辞去职务，去担任炮兵上尉。——编者注

③ 即乔瓦尼·迪·雷蒙多（Giovanni Di Raimondo）。——编者注

得了和平与自由，并为意大利王国赢得了在欧洲文明中的荣誉地位。……德国人在意大利肆虐的日子不会持续太久，他们将从你们的土地上被彻底消灭。而你们，通过助力这一伟大的解放浪潮，将再次融入你们长久以来疏远的、真正的、久经考验的朋友。抓住每一个机会，全力出击，击中要害。一切都会变好。与你们的英美盟友一起，在伟大的世界运动中，走向自由、正义与和平。[①]

我当即写信回复道：

我们将以上次世界大战中我们在意大利和法国战场上所表现出的那种勇气和坚韧来完成一切可能完成的任务。我可以向你们保证，意大利人民，在他们的国王的领导下，热切地希望以任何牺牲来获得宝贵的自由和公正的和平。在任何情况下，他们都会勇敢地履行自己的职责，甚至超越自己的职责。我们有信心，我们将与美国和英国的朋友们一起前进。

这时，弗兰克·梅森-麦克法兰将军同泰勒将军及大约20名军官抵达布林迪西，入住国际饭店，并在那里设立了司令部。就这样，我认识了弗兰克·梅森-麦克法兰将军，并与他以最友好的关系共事了好几个月。他是一个杰出的苏格兰人，精通多种语言，头脑敏锐，是

---

① 官方材料，由白宫发布，刊登在1943年9月11日的《纽约时报》上。——原注

欧洲政治专家，对欧洲政治家也了如指掌，几乎在欧洲每个国家都担任过重要职位。他对我们的不幸处境深表同情，尽其所能帮助我们克服困难，并支持我们向同盟国各政府提出的各项要求。一开始他出任盟军联络委员会主席，后来又担任了盟军管制委员会（Allied Control Commission）主席。下文，我将对这个委员会发表意见。

在我们第一次谈话中，我跟弗兰克·梅森-麦克法兰将军探讨通过英国领事馆和公使馆，联络我国驻各国大使们的必要性，这样我们就可以建立直接联系。弗兰克·梅森-麦克法兰将军同意了。尽管经历了许多困难和难以置信的拖延，我发现我们的整个外交和领事使团仍然忠于国王的政府，叛变的人很少。我还听说，德国和日本把我国驻德国和日本及两国占领国的外交人员全都关进了监狱。我很高兴我能够告诉我的同胞们，尽管我们在国外的几乎所有官员都遭受了烦恼、虐待及针对他们家人的报复性威胁，但这些外交官员仍然以忠诚和勇敢的行为，坚守职责，捍卫荣誉。

弗兰克·梅森-麦克法兰将军还帮助普鲁纳斯先生（Signor Prunas）离开里斯本，来到布林迪西。普鲁纳斯先生是一位富有献身精神、经验丰富的外交官。我任命他为外交事务秘书长。在30多名年轻官员的帮助下，他成立了一个外交部。这个部门的工作令人钦佩。这些年轻官员都是冒着很大的危险和困难，从罗马的外交部逃出来的。

英美政治代表——麦克米伦[①]、卡恰（Caccia）、墨菲[②]与里伯（Riber）——和弗兰克·梅森-麦克法兰将军一起来到布林迪西。我

---

① 即哈罗德·麦克米伦（Harold Macmillan，1894年2月10日—1986年12月29日），英国政治家，保守党成员。1942年，他获调任到北非，是盟军在地中海地区的英方代表。——编者注

② 即罗伯特·墨菲（Robert Murphy，1894—1978），美国外交官。——编者注

和他们讨论了我所取得的成就：港口、机场和通信都得到了安全保障；每个港口都配备了工人，每天可装卸5000～15 000吨物资；工人们正在整修道路，修理铁路。我还补充说，虽然我知道人手不足是个很大的问题，但意大利人都渴望直接上战场，通过战斗把自己的国家从德国人手中解放出来。

我向他们指出，在所谓的"魁北克文件"[①]中，确实明确陈述了停战的条款，但在签订停战协议时，并没有考虑到意大利会在战争中给予盟军的积极援助。然而，我补充说，文件还规定，对这些条款的任何修改，都取决于在战争剩下的时间里，意大利政府和人民给予同盟国的支持程度。此外，该文件还确认，无论意大利武装部队何时进攻德军、摧毁德军的补给或阻碍德军的行动，盟军都将给予意大利武装部队一切可能的援助。我告诉盟军代表，我已给艾森豪威尔将军发了电报，请求允许意大利军队参加斗争。

接着，我向他们提出了一个对我来说最重要的问题。如果我只为意大利人民，争取到了卡斯泰拉诺将军于9月3日签署的停战协定的军事条款的优待，而对协定的政治和行政条款不管不顾，那么在经历了这么多灾难之后，我如何才能激励意大利人民的士气呢？然后，我让他们读了丘吉尔首相和罗斯福总统的来信。信中明确地说，既然我们已经回到了过去与同盟国并肩作战的位置，我们就必须与我们的英美朋友一起，对抗共同的敌人。我告诉他们，我已经作出

---

① 魁北克文件指的是第二次世界大战期间，同盟国在魁北克举行的两次会议上达成的跟意大利投降有关的条约和文件。第一次魁北克会议在1943年8月14日至24日举行，会议代号"四分仪"，主要议题是讨论"霸王"作战计划等问题。第二次魁北克会议在1944年9月11日至16日举行，着重讨论对德、对日作战战略和战后处理德国的问题。——译者注

承诺，保证意大利人民必会下定决心，同他们一道前进。既然这封信由两大强国政府首脑共同签署，就不能简单地将之视为宣传，而是一个确切而有约束力的承诺，对此我将严格地遵守。最后，我总结说，如果他们认为墨索里尼和法西斯主义应对这场战争负责，那么我们这些反抗墨索里尼暴政，并站在同盟国一边的人就必须被视为同盟。只有这样，我才能激励这个国家做出新的贡献。代表们答应会向他们的政府转达我的意见。

他们一离开，我就给艾森豪威尔将军发了如下电报：

> 我可以向你保证，你提出的有关通信、港口和机场安全及各种服务所需的工人的要求，我们都已完全达成。1917—1918年我们并肩作战的事实，完全可以证明意大利人不是懦夫。我们要求停战，是因为战争是在违背人民意愿的情况下进行的，而我们没有足够的能力来解放自己，但现在我们不打算在我们的国家正要解放的时候袖手旁观。因此，作为一名军人，我请求你允许意大利军队与你的军队并肩作战，共同对抗德军。

我真挚的请求直接打动了艾森豪威尔将军的心，他答应了我的请求。这一点我稍后再做解释。

从与盟军合作开始，我就坚持两大要点：一是联盟；二是意大利军队在战争中的参与越来越多。

接着，伦内尔勋爵罗德（Lord Rennell of Rodd）及其他金融专家们也来到了布林迪西。伦内尔勋爵的父亲是第一次世界大战期间英国驻罗马大使，因此他在罗马也是名噪一时，广受欢迎。他们告诉我，他们准备发行一套专门的纸币，面值从1里拉到1000里拉不等，他们称之为"占领货币"。但是货币的兑换率仍然是400里拉兑1英镑，100里拉兑1美元。我指出，如此高的汇率，必然会导致通货膨胀，因为盟军官兵的工资是我们的10倍，他们持有大量的纸币，势必会扰乱市场。伦内尔勋爵态度坚决，但他也承认有必要采取我们提出的两项措施：第一，盟军的所有采购都应由意大利政府负责；第二，盟军官兵的薪酬应该积攒下来，寄给他们的家人或其他他们可以选择的接受者。尽管如此，事实上，还是立刻出现了严重的通货膨胀。盟军的口粮大多是罐头食品，他们准备不惜任何代价购买新鲜食品，仅举一个例子，鸡蛋的价格立刻从每个5里拉，迅速飙升到每个30里拉。

我们通过口头或书面备忘录的方式，不断向盟军反映汇率问题。1944年4月，我们甚至给罗斯福总统本人发了一份备忘录。在这份备忘录中，容指出，为了同盟国自身的利益，他们也很有必要降低在意大利的汇率。但在我任职期间，我们没有得到任何相关的答复。

最后，国王希望亲自过问结盟和汇率下降问题，便直接写信给罗斯福总统和英王[1]。罗斯福回答说，现在考虑结盟的请求还为时过早，汇率问题已提交专家讨论。丘吉尔首相代表英王回复说，目前汇率必须维持原有水平不变，此外两国结盟从来都不存在任何问题。

1943年9月20日左右，同盟国代表再次拜访我，交给我《停战协定》全文。他们说，其中载有军事、政治和行政条款。我花了一天时

---

[1] 即乔治六世（George Ⅵ，1895年12月14日—1952年2月6日），末代印度皇帝、首任英联邦元首。——编者注

间，仔细查看了这份文件，发现与9月3日签署的文件相比，条款有了变化。

我们达成了一项符合意大利尊严的停战协定，正式结束了我国军队与英美军队之间的敌对。这份文件的标题是"意大利无条件投降"。在声明盟军政府已经接受意大利无条件投降之后，在军事、政治和行政方面，写下了44条条款。其中许多条款都无法执行，如移交在意大利的盟军囚犯，意军在他国的军队撤退到海岸，等等。我派人找来政治代表，告诉他们，卡斯泰拉诺将军从未同意无条件投降；现在是同盟国政府而非意大利政府，在彻底地、根本地改变相互承担和签署的义务。

这是一个战败国为了逃避过于沉重的惩罚而采取的一种狡诈的做法，以国家利益的名义行小人之事，或许是可以被原谅的。但对于现在正与战败国充分合作的战胜国来说，这种狡诈手段既小气又不光彩。

由于我所表现出的愤恨和不满，盟军代表立即表示，他们还没有正式起草这份文件。无论如何，在我签署这份文件之前，在即将与艾森豪威尔将军举行的会议上，我可以与盟军继续商榷。

在那些日子里，还有一个非常严重的问题必须得到解决。到处可见德军对我们的军队和平民犯下的暴行，必须对德国宣战。这样一来，一旦我们的人落入德军手中，就不会被当作法军的"自由射手[①]（francs-tireurs）"而直接被枪决。但在我看来，宣战的另一个原因更加

---

① 第二次世界大战期间，法国反法西斯游击队中的自由射手。这里指未正式对德宣战之前，意大利士兵一旦被俘，就会如同法军的自由射手一般，不加审讯，直接被枪决。——译者注

重要：如果我们不向共同的敌人宣战，我们如何向英国人和美国人证明我们确实是他们的盟友，并决心与他们并肩作战？答案对我来说非常明显，特别是当我作为政府首脑，率先请求结盟，随后国王也这样做了。于是我建议国王对德宣战，但国王似乎心存疑虑。那天晚上王室事务大臣阿夸罗内公爵也在场，他也持反对态度。他向我解释了原因：国王担心德国人会被激怒，德军已经占领了意大利六分之五的领土。一旦宣战，德军可能会对意大利人民展开野蛮的报复。"是的，"我回答，"这种状况极有可能发生，但我们已经走出了决定性的一步，彻底摒弃了法西斯主义，我们再也回不去了。要么国王同意，要么我辞职。"

我请求弗兰克·梅森-麦克法兰将军——他也在非常机智地促成对德宣战——再给我一点儿时间，来说服国王。我确信我一定会成功。几天后，弗兰克·梅森-麦克法兰将军给我看了盟军最高司令部的一份文件，文件以盟军政府的名义写了以下几点：

一、意大利对德宣战后，确认意大利的共同交战状态；

二、彼得罗·巴多格利奥元帅必须继续任职；

三、同盟国将尽其所能，支持维托里奥·埃马努埃莱三世国王和现政府的治理，但在驱走德军之后，意大利人民可以自由选择他们所喜欢的政府形式；

四、彼得罗·巴多格利奥元帅应尽快扩大其政府的人员规模；

五、对停战条款的可能修改和意大利领土的移交，将取决于意大利政府的表现；

六、关于政治、财政和经济问题的指示，将按照停战协定第12条的规定转达。

事实上，这些承诺基本没有得到履行。

弗兰克·梅森-麦克法兰将军随后告诉我，艾森豪威尔将军希望于9月19日上午在马耳他（Malta）与我会面，并安排我乘坐一艘意大利巡洋舰前往会议地点。

第 11 章

军事问题

盟军在意大利的作战战略一直都是热议的话题，也招致了一些并不完全合理的批评。这并不奇怪，因为在任何时代和任何国家都从不缺乏业余战略家。在这些外行中，有些人，实际上是相当多的人，指责盟军最高司令部没有选择在罗马北部登陆，但这种批评缺乏实质内容，因为它忽略了一个重要因素。对登陆的盟军而言，在海上和海滩上拥有持续而强大的空中掩护是至关重要的，从航母上起飞的飞机无法单独完成这种空中掩护，必须得到来自西西里岛航空站起飞的战斗机的增援，而这些战斗机向北飞行的最远距离无法超过那不勒斯。同时，盟军选择萨莱诺作为登陆点，还有一个原因是，那里的海滩更适合抢滩登陆，这样可以确保更安全。

因此，选择萨莱诺并不是一个战略上的错误。在我看来，真正严重的战略错误发生在早期阶段——那就是决定夺取西西里岛。占领了西西里岛后，盟军发现，他们需要从这个位于意大利最南端的岛屿开始，穿过整个半岛。他们一路艰难推进，付出了巨大的代价。

当初如果他们选择了撒丁岛，不仅行动区域大得多，局势也会完全不同。看一眼意大利的地图就足以证明我的论点。无论是海上作战还是陆地进攻，占领撒丁岛不会给盟军带来比西西里岛更大的困难，并且他们的情报部门也应该告诉他们，撒丁岛的驻军还少于西西里岛的。如果盟军的登陆地点选在奇维塔韦基亚（Civitavecchia）和里窝那（Leghorn）之间，就可以严重威胁到德军与意大利南部之间的交通线。此外，撒丁岛航空站配套精良，适合用作战斗机基地。

就事实情况而言，占领西西里岛，以及盟军随后的一系列行动，即使在当时，也称不上战争艺术的光辉典范。简而言之，就是一次重大战略失误和许多战术上的错误，希望指挥意大利战役的著名指挥官们会原谅我的批评。

战略上的重大失误是，蒙哥马利①将军率领的第八集团军在卡拉布里亚最南端登陆，跟克拉克②下辖的第五集团军在萨莱诺登陆，两军在时机上缺乏协调。结果，第八集团军距离第五集团军太远，无法在后者登陆的关键阶段，及时赶过去，给予其任何支援，而第八集团军希望吸引多部敌军正面决战时，德国人也没有不明智到派兵进入像卡拉布里亚这样一个道路不通的多山地区。如果艾森豪威尔将军坚持把9月12日作为停战和登陆的日期，第五集团军就可以得到第八集团军足够的支持。

即便是作出在萨莱诺登陆的决定，只是仔细研究一下该国地形，也应该得出结论，采取正确的作战策略。遗憾的是盟军并未认真研究地图，或者说是研究得远远不够，以至于登陆部队几乎被迫撤退到海滩。在那里，来自海军舰队猛烈的炮火，才阻挡了德军坦克的肆虐。

两个原因拖慢了盟军的行动。

---

① 即伯纳德·蒙哥马利（Bernard Montgomery，1887年11月17日—1976年3月24日），英国陆军元帅，第二次世界大战中著名的军事指挥官。——编者注

② 即马克·韦恩·克拉克（Mark Wayne Clark，1896年5月1日—1984年4月17日），美国陆军四星上将，第二次世界大战期间，曾任美国第五军团和第十五集团军司令。——编者注

第一，士兵生命第一原则。对盟军而言，拯救士兵的生命几乎是压倒一切的首要原则——这么做是合理的，我在东非指挥作战期间，这一条原则始终萦绕于心，但这一原则不能超过一定的限度，否则根本不可能进行战争。所有美国人都重复着同样的口号："养育一个人需要20年，而制造一台机器只需几个小时。所以送机器上来吧！"在这种情况下，即便是最小的妨碍，也会阻碍大军前进。一旦遭遇任何一点儿抵抗，数量巨大的枪炮和海量供应的弹药，立即对任何可能有人待着的地方或地面微微隆起之处，进行好几个小时持续、快速、不是那么精确的轰炸。即使饱受战火之苦的意大利农民告诉他们附近没有敌人，并表示，如果部队进攻，他们愿意一起协同作战，排山倒海而来的枪林弹雨也不会停止。像德军这样的精锐之师自然很快就掌握了敌人的进攻方法，并据此调整了自己的战术。他们从不瞄准大型目标，而是用一门大炮或几挺机枪组成小分队，吸引敌人的注意力和火力，然后占领其他阵地。

第二，所有部队的过度机械化。重申一下，即使最粗略地研究一下意大利地图，也会明白，军队完全机动化，无论在利比亚的沙漠中如何适用，在意大利的山区就相当不适合了。为了弥补这一缺陷，我们组建了许多支援纵队。为协助盟军作战，这些支援纵队做出了巨大的贡献。最后，在占领蒙特马隆（Monte Marrone）（这是一项令所有人震惊的壮举）之后，我们建立了一所山地作战学校，由我军山地部队某些团的军官担任教官。

关于我军军队的问题，极其复杂，我将简要地梳理一下。

关于军队：大部分意大利军队都在德军占领的意大利北部、法国、克罗地亚（Croatia）、黑山（Montenegro）、希腊和爱奥尼亚群岛（Ionian

Islands）。通过盟军的情报机构，我们试图向仍旧困在巴尔干半岛和希腊的部队发出指令，要他们加入游击队，并命令意大利占领区的部队组成小股游击队。我们恳求盟军最高司令部派兵增援我军在爱奥尼亚群岛，特别是凯法利尼亚岛（Cefelonia）和科孚岛（Corfu）的驻军。但盟军最高司令部答复说，他们自己尚且自顾不暇，无法从其他战区调集援军。结果久无援军，经过顽强抵抗，我军守军最终被德军击溃。

解放区域的军队被整编成作战部队，但政治局势风云变幻，从军官到普通士兵都感到无所适从，敌人也趁机进行了巧妙的宣传，企图抹黑我们的部队。我不仅向士兵、工人和农民发表了一份宣言，还跟最高司令部一起做了大量的宣传工作，召开了许多军官会议。会上，我以我所能集聚的全部热情，平静而明确地向他们解释，我们为什么要与英美并肩作战，以及我们肩负的解放自己国家的责任，而不是让同盟国独自把我们的国家从德国人手中解放出来。这件事事关我们整个国家的声誉和生命力，我们应该参与这个伟大的事业，并在其中发挥我们的作用。这一切都取得了预期的效果，军队的士气很快就恢复了。

我们设法让盟军意识到保护撒丁岛、科西嘉岛和厄尔巴岛的必要性。但在这方面，我们没有得到支持，不得不单独行动。保护撒丁岛、科西嘉岛时，法军在科西嘉岛提供了一点点的帮助，我军成功击败德军，并将之驱逐出岛。但厄尔巴岛被德军占领。

下一步是从达尔马提亚（Dalmatia）和阿尔巴尼亚海岸营救我们的军队。这一过程异常艰难。剩下来不及得到救援的人，有的被德军俘虏，有的则加入了佛罗伦萨、威尼斯和都灵的军队，在经验丰富的军官的带领下，与游击队并肩作战。

在德军的空袭中，我军海军尽管遭受了重大损失，但仍以完全的忠诚和严明的纪律执行了停战条款。在写这封电报时，我军海军一部分驻扎在马耳他基地，另一部分在北非的港口，他们渴望再次参加战斗，因此参战这件事不能延迟太久。

甚至在停战之前，由于遭受重创，我军空军缩减到不足几十人。现在，飞行员逐渐集中到普利亚（Puglie）的机场，几乎每天都有一架飞机飞来，几乎每天都有飞行员从德军的魔爪中逃出来，加入我们的部队。空军大臣圣达利[1]将军尽量把分散在西西里岛和撒丁岛的所有飞机集中起来，重新组建了一支由350架飞机组成的空军，其中包括轰炸机、战斗机和鱼雷轰炸机。

在给艾森豪威尔将军的电报中，我请求允许我军与盟军并肩作战。我得到允许组织一支5200人的摩托化部队，于1943年12月初，在美军第五军战区参与战斗。后来这支部队逐渐增加到21 000人，并因其在山地战争中的卓越贡献而受到高度赞扬。然而，组建初期，盟军曾为其中几个师配备现代化武器，但事实上，我们从未收到任何武器。

正如我上文提到过：我们成立了许多补给纵队，负责将弹药和食物运送到前线；组建分队，负责保护通信线路和其他一些技术设施免遭破坏；超过十万人曾在先锋团服务。但盟国不允许我们增加武装军队。

我说我们没有得到武器援助，更准确的说法是，许多武器是从我们手中夺走，送到巴尔干的。

---

[1]　即雷纳托·圣达利（Renato Sandalli, 1897—1968），意大利空军将军。——编者注

　　这种对待我们的方式太不寻常了。同盟国政府首脑们呼吁意大利增加兵力，并表示停战条件的放宽，取决于我们在战争中所起的作用。但与此同时，驻阿尔及尔的参战盟军司令部（Allied Headquarters）和在意大利的盟军司令部，都尽其所能地阻止我们参与战斗。

　　一旦宣布共同作战，我军海军也被视为盟军舰队。我军海军的所有轻型舰和巡洋舰（5艘除外，其中3艘后来归还给我们）都参加了地中海和大西洋的作战，赢得了盟军的赞赏。我们的空军立刻投入巴尔干战区的战斗，在那里，进行了多次轰炸和机枪进攻，同时还向我们同游击队一起作战的支队发放指令，提供补给。

　　我一再要求盟军，给我军的优秀飞行员提供现代化飞机。直到1944年5月初，我们才从英国得到足够多的飞机，装备了5个中队，此外还有3架战斗机和2架轰炸机。

　　丘吉尔首相不止一次热烈赞扬意大利武装部队在战争中的表现，在意大利作战的盟军指挥官也表达了类似的敬意。他们虽然会赞扬，甚至是经常赞扬，但同时也绝对禁止我军增加任何武装力量。

　　此外，重新整编卡宾枪骑兵队也应给予特别的关注。整编从根本上清除了不良分子，征召了新的士兵。皮切（Piéche）将军成功完成了整编任务。罗马解放后，我军超过2300名卡宾枪骑兵跟随盟军入城。他们作为军事警察部队，承担了许多重要的职责。

第 12 章

———

困难重重

1943年，我和弗兰克·梅森-麦克法兰将军在4艘驱逐舰的护航下，乘坐"非洲"号巡洋舰离开布林迪西。

我们到达了马耳他，"纳尔逊"号（Nelson）战列舰以国家元首军事礼仪接待了我。"纳尔逊"号建制恢宏，船员都是杰出的水手。我立即见到了艾森豪威尔将军和他的总参谋长比德尔·史密斯将军（我们曾在布林迪西见过），马耳他总督戈特勋爵[①]（Lord Gort）和盟军意大利战区司令亚历山大[②]将军也出席了会议。

当我和艾森豪威尔将军、比德尔·史密斯、弗兰克·梅森-麦克法兰将军开始会议时，我首先问艾森豪威尔将军，他是否仍然认为，他在9月3日与我的代表卡斯泰拉诺将军签署的停战协定仍在生效。他表示是的，但那份停战协议只包含军事条款，而目前的文件还包含了政治和经济条款。我回答说，在军事条款方面，新的停战协定与以前商定的版本有一个根本不同之处：新版停战协定使用了无条件投降的字眼，而此前一版只是简单地表述为，停止所有战区意大利和盟军之间的敌对行动。

我向他提出了以下几点：

[①] 即约翰·维里克（John Vereker, 1886—1946），英国陆军将领，他最著名的是指挥在第二次世界大战的第一年被派往法国执行英国远征军的敦刻尔克大撤退。他后来担任直布罗陀总督和马耳他总督。——编者注

[②] 哈罗德·亚历山大（Harold Alexander, 1891—1969），英国军事指挥家和英国陆军元帅，在第二次世界大战期间任盟军第15集团军司令、地中海战区盟军最高司令。——编者注

一、我们忠实地执行了9月3日停战协定的所有条件，由于盟国坚持不肯让步，必须要我们以惨烈的方式履行停战条件，致使我们遭受了可怕的损失；到达布林迪西后，遵从艾森豪威尔将军的所有要求，展开了充分合作，这一点弗兰克·梅森-麦克法兰将军完全可以证明；

二、我们并没有采取任何行动，使得同盟国有理由提高停战条件的严苛度；

三、新版停战协定代表了盟军对意政策的彻底改变，这对我们非常不利，也无异于羞辱，并且我们也没有被告知做出这一改变的原因；

四、在卡西比莱（Cassibile）缔结协定时，英国、美国和意大利都曾做出了庄严的承诺。

随后，弗兰克·梅森-麦克法兰将军表示，他想同艾森豪威尔将军和比德尔·史密斯将军单独谈话。这三人便离开会场，到附近的一间办公室里去了。他们返回后，弗兰克·梅森-麦克法兰将军说，他们并没有起草新文件，而是按照同盟国政府的命令行事，他们只负责把文件交给我签字。他补充说，如果我拒绝签署，后果将非常严重，同盟国会将意大利仅仅视为一个被打败和部分被占领的国家，并将立即采取相应的行动。

显然，艾森豪威尔将军和比德尔·史密斯将军都很苦恼，后者甚至说，他们可以修改其中的某些措辞，使新的停战协定符合9月3日协定的精神。

艾森豪威尔将军对我说："元帅，我非常熟悉你的整个军旅生涯，我也知道你为你的国家所做的一切。和你一样，我也注意到了军事术语上的变化，但这部分不由我们负责。弗兰克·梅森-麦克法兰将军已经告知你，如果你拒不签署，对意大利而言，结果将是灾难性的。我以军人的身份向你保证，我将尽我所能，如比德尔·史密斯将军承诺的那样，改变这份停战协议的措辞。此外，这份文件将绝对保密。"

艾森豪威尔将军的讲话如此真诚感人，每一个字都表达了他忠诚地履行职责的决心，我深受感动。拒绝签署对意大利来说意味着新的苦难，我确信他所言非虚，所以我签署了文件，艾森豪威尔将军也遵守了他的诺言。

停战协定签署仪式结束之后，艾森豪威尔将军递给我一封信，其内容如下：

> 我们刚才在上面签名的停战协定，是对1943年9月3日两方代表签署的短暂军事停战协定的补充。当时的协定以停止敌对行动之前的局势为基础，自那时以来的事态发展大大改变了意大利在战争中的地位。实际上，意大利已成为同盟国的忠实合作伙伴。我所代表的同盟国政府已充分认识到，在某些方面，因后来发生的事件，某些用词已不适合，其中一些条款已过时或已付诸执行。
>
> 我们还认识到，意大利政府目前没有能力执行某些条款。由于现有条件而无法履行，将不会视为意大利方面违反了诚信。本协定代表的是意大利政府在有能力履行职责时，应遵守的要求。如果出于军事需要或意大利政府的合作程度表明这是必要的，本文件和9月3日短暂军事停战协定的条款需要不时

修改，这是可以理解的。[①]

随后，我们就其他问题继续讨论。在此期间，艾森豪威尔将军立即提到意大利对德宣战的问题。我回答说，我希望能越快越好。然后，我们审议了军事合作问题，艾森豪威尔将军答应在军备方面提供帮助。

下午，我和海军大臣德·库尔唐[②]上将一起，视察停泊在不远处港口的我军舰队。当我看到我军英勇杰出的海军官兵时，我激动万分。我对军官们作了振奋人心的演讲，承诺尽我所能，尽快帮助他们重新投入战斗。

回到布林迪西后，弗兰克·梅森-麦克法兰将军给我送来一封斯福尔扎伯爵[③]（Count Sforza）的信。这封信是美国国务院转交给弗兰克·梅森-麦克法兰将军的。斯福尔扎伯爵在信中声称，无条件支持彼得罗·巴多格利奥元帅的政府是每个意大利人应尽的责任，唯有如此方可赢得盟军的信任。任何企图阻碍元帅政府工作的行为都是犯罪行为。他还宣布，在德军被彻底赶出意大利之后，所有意大利的国内问题都应该进行审查，作出决议。

不久之后，斯福尔扎伯爵回到意大利，并来到布林迪西见我。他告诉我，虽然他全力支持我组建的政府，并非常乐意在英国，特别是在美国执行任务，但他不能应我所邀加入政府。与他合作的代价是国王必须

---

① 引文引自官方材料。——原注

② 即拉法埃莱·德·库尔唐（Raffaele de Courten, 1888—1978），意大利海军上将。——编者注

③ 即卡洛·斯福尔扎（Carlo Sforza, 1872—1952），意大利外交官和反法西斯政治家，1922年被任命为驻法国大使。墨索里尼掌权后，他辞去职务。1926年被迫流亡，之后，他定居在英国，再之后移居美国。1943年9月，他回到自己的国家。——编者注

退位，王储也必须放弃王位，王孙即位，由我摄政。很明显，这一声明与他最初传达的信息没有什么相关之处。

且不论在如此艰难的时刻，采取如此重大的变革是否恰当，即便是时机恰当，在我看来，迫使国王退位，迫使王储放弃王位，不仅远超我的权力范围，也超出了其他任何政府的职权范围。只有整个国家，而非国家的一部分（我们目前就是这种状况），才有权在如此重要的事情上表达自己的意愿。如果我按照斯福尔扎伯爵的意愿行事，那我就沦为了一个独裁者，而不是一个民主政府的首脑。

然而，我没有放弃希望。弗兰克·梅森-麦克法兰将军坚持要我完成组阁。于是，我们一起去那不勒斯，再次跟斯福尔扎伯爵和克罗齐[①]协商，但他们仍旧坚持由我摄政。然后，我与天主教民主党领袖罗迪诺（Rodino）会面。他告诉我，他支持斯福尔扎伯爵的要求。此外，在这一点上，在罗马与我达成统一战线的六大党派都达成了一致意见。回到布林迪西后，我告诉弗兰克·梅森-麦克法兰将军，我曾试图组建一个政府，但我失败了，现在是我该向国王递交辞呈的时候了。

为了使国王了解情况，我给他写了一封信。与此同时，弗兰克·梅森-麦克法兰将军接受了新的任命。他离开了意大利，赶往了直布罗陀。盟军宣布，美国的乔伊斯将军[②]将接替弗兰克·梅森-麦克法兰将军的工作，泰勒将军临时担任委员会主席。

---

① 即贝内德托·克罗齐（Benedetto Croce，1866年2月25日—1952年11月20日），意大利著名的文艺批评家、历史学家、哲学家，有时也被认为是政治家。他在哲学、历史学、历史学方法论、美学领域著作颇丰，他也是一位杰出的自由主义者——尽管他反对自由放任和自由贸易。——编者注

② 即凯尼恩·A.乔伊斯（Kenyon A. Joyce），美国陆军少将。——编者注

在我看来，此刻，引导国王对德宣战的时机已经到来了。我再次向国王提出对德宣战，他同意了。1943年10月13日，我以国王的名义，对外宣布对德国宣战，并命令我国驻马德里大使保卢奇·德·卡尔博利侯爵（Marchese Paolucci De' Calboli）将宣战宣言转交给德国驻西班牙大使。同时，我还命令我国驻伯尔尼（Berne）大使，请求瑞士政府负责我们在德国、日本和被占领国家的利益。瑞士政府同意了。任何意大利人都不应该忘记他们为我们所做的一切。

与此同时，盟军代表乔伊斯将军也来到了布林迪西。乔伊斯将军是美国骑兵师的指挥官，性格和蔼可亲，富有同情心。这是他第一次面对欧洲政治的复杂局面。在和我们一起工作的短暂时间内，他广受欢迎。

对德宣战之后，同盟国也宣布，他们把意大利视为共同参战国，这意味着他们认同我们是在并肩作战，对抗共同的敌人。然而，为了明确停战一词的含义，他们接着迅速宣布，停战协定的所有条款仍然有效，意大利只有通过自己的积极参与，才能获得相应责任的减免。丘吉尔首相用一句话，生动地表达了这一点。他说："意大利必须努力争取。"一旦宣布成为共同参战国，我军所有的海军战舰（除巡洋舰外）全部加入盟军海军，悬挂意大利国旗，参加在地中海和大西洋的护航和其他海军行动。

考虑到目前特殊的局势，我们的海军大臣德·库尔唐上将和盟军地中海战区总司令康宁汉海军上将[1]签署了一项特别公约。我军舰队立即

---

[1] 即安德鲁·布朗·康宁汉（Andrew Browne Cunningham，1883年1月7日—1963年6月12日），英国海军元帅。——编者注

全面投入战斗，并令人满意地执行了交付给他们的任务，以至于地中海上众多护航队的军官们开始坚持认为，重要任务应由意大利舰队提供护航，因为他们认为，意大利舰队护航时比英军或美军的船舰更加警惕。

我们的悲剧性命运在于，经过一番艰苦卓绝的斗争，刚向前迈出一步，就立刻被同盟国拖了回去。此刻，乔伊斯将军和英国政府官员卡恰来见我，向我提交了两份新文件。第一份文件包含了我们在马耳他签署的停战协定的一些更改，由于艾森豪威尔将军的交涉，同盟国政府取消了"无条件投降"一词，改为"同意大利停战的附加条件"。但协议的第一条仍然包含了"意大利方投降"的字样，改动后的条款跟之前的条款相比，区别并不明显。第二份文件是对德·库尔唐上将和康宁汉上将起草并签署的协议的限制性修正。但乔伊斯将军和英国政府官员卡恰表示，除非我签署第二份文件，否则他们不会送来第一份文件。①

我非常生气，事实上这就是掐住我的喉咙，以迫使我签署第二份文件。德·库尔唐上将准备了一份书面抗议，我把原件交给了盟军方面，自己保留了副本。"你们是胜利者，我们是失败者。一旦这些文件公布于众，历史将会给予恰当的评述。"然后我给罗斯福总统和丘吉尔首相写了如下这样一封信：

　　9月3日，卡斯泰拉诺将军根据我的命令，签署的停战协定中，没有任何涉及意大利投降的条款。如阁下所知，9月3日的协定中几乎所有的条款都只涉及军事问题。然后我被告知，其

---

① 官方材料请参考原文件。——原注

他问题只涉及民事问题，稍后会提交给我。而9月29日，我们忠诚地履行了停战协定规定的条款之后，在得到英美委员会（Anglo-American Commission）的充分肯定之后，开始了全面合作的时期之后，我在马耳他被迫签署了停战协定的附加条款。这些条款不仅改变了9月3日停战协定的条款，还使条款更加苛刻，文件的标题甚至被标为"意大利无条件投降"。

由于我的抗议，艾森豪威尔将军答应向同盟国政府陈明我反对的理由，并建议取消那些措辞，因为那些措辞除严重损害了意大利的声名外，没有任何意义。在我看来，这些都有损于我们共同的事业，而我也下定决心，打算用我的权力所能采取的一切手段，坚决支持这一事业。

1943年10月27日，盟军管制委员会主席向我明确而正式地书面保证，英国、美国和苏联政府已经审议并通过了包含第二次停战条款在内的修正版文件。尽管意大利同同盟国的关系从合作过渡到共同作战，再加上盟军对我的承诺，已经提交给我的文件也只有一部分得到了修正，而最初的停战协议中没有出现的"无条件投降"等措辞仍未能得到改正。同样的事情也发生在海军协议上。

9月23日，德·库尔唐上将和康宁汉上将进行了详尽的讨论，并就海军特别公约，达成了完全一致的意见。由于我的抗议，同盟国承诺进行措辞修正，现在，一个月后，在提交给我的修正后的协定中，这部分最终被取消。但取消的前提是我要接受一项海军公约中的条款，也就是我必须处理一件已经解决的事情然后才能解决现在的问题。这项条款使意大利的现有处境更加恶化了。我再说一遍，我是被迫签署这份修正文件的。总统先生，我希望你能在我草拟版本的基础上，找到重新审查这一问题的办法。

我很高兴地向你指出，在协约条款商议期间：四分之三的意大利海军与盟军海军并肩作战；在撒丁岛和科西嘉岛，意大利陆军一直在与德军殊死搏斗；在克罗地亚、黑山和希腊的艰苦条件下，意大利军队仍然同希腊和南斯拉夫一道，战斗不止；在意大利北部异常艰苦的环境中，意大利军队正在做着不懈的斗争，以阻止敌军蓄意对交通和供给线进行破坏。

我还高兴地告诉你，在解放区，我们不仅遵守了盟军提出的所有条件，我们还额外要求允许我们的军队参与解放我们自己国家的战斗。这一要求已经部分得到了盟军的准许。

当前，我们面临着无数艰难险阻。我国以临时形式组建的政府仍旧尽可能地提供了法律和秩序的保障，以维护我们双方共同的利益。如你所知，我们一旦踏入罗马，这个政府就会被另一个更具竞争力的新意大利政府所取代。我们不得不在一个饱受战争蹂躏、内政乱象丛生的国家中挣扎求生。因此，在我们已经跟同盟国政府经过充分讨论并获得同意的情况下，仍旧不得不面对不断恶化的局势，我们倍感痛苦。

我们完全不确定自己的位置。由于通信系统遭到破坏，我们没有从外部世界接收信息的任何手段，无法同流亡在其他国家的数千万意大利人民取得直接联系，甚至无法跟我国驻他国大使们建立联系。我们缺乏获得自由的基本要素，因此我们打算为了国家的利益而奋力斗争。

　　总统先生，正是出于国家利益的考虑，我亲自写信给你，因为意大利民族面临着许多严重的问题、深陷悲惨的处境；因为我本人和我国政府有坚定的决心，要同盟军并肩作战，共同对抗共同的敌人；因为我决心在盟军的英勇助力下，给我的国家争取自由的体制。毫无疑问，你是人类正义标准的最伟大和最受尊敬的维护者之一，恳请你在决定对意大利采取行动时，考虑到所有这些情况。

　　如果停战协议中措辞的变动，是希望给予意大利及其政府更多的机会，使其军队和物资能够投入到我们共同的事业中，以期尽快从德国人手中解放意大利，那么由于这种变化而加重了意大利负担的做法，不仅是正当的，而且会是受欢迎的。相反，9月29日停战协定的条款及后续的议定书和修正条款，尤其是盟军管制委员会将解释和执行这些条款的方式，在许多情况下，使得意大利政府促进盟军事业胜利的努力备受挫折。

这里我将回到当下的局势的叙述中。

　　与此同时，对于那些把为祖国服务的愿望放在首位的人，我号召他们组建了一个部门。该部门的成员中，有的是曾经的议会成员，并且从未加入过法西斯党，其他的人都是专家。我暂时没有宣布7月26日在罗马成立的政府中一些成员辞职的消息，因此新加入的成员被任命为副大臣。[1]工商大臣皮卡尔迪已经辞职去参军了。这时，盟军管制委员会（原盟军特派委员会）抵达布林迪西，其成员被派往各部门，以协助各部门的工作。关于新成立的该部门和盟军管制委员会的活动，我稍后将有更多的说明。

只有在必要的军事审查下，新闻自由才得以恢复。正如人们所预见的那样，无数的报纸涌现出来，它们的数量仅仅受到新闻用纸短缺的限制。他们用最暴力的方式表达的各种观点，几乎不诉诸理性。逐渐地，由于民众良好的判断力和盟军的干预，新闻界逐渐走向正规。

盟军的军事行动没有按照我们所预料的速度推进。坚忍地承受了120次轰炸之后，勇敢的那不勒斯人民没有袖手旁观，而是奋起反抗暴虐的德军。经过数日残酷的白刃相交的巷战，那不勒斯解放了。

经由沃尔图诺（Volturno），德军被赶回加里利亚诺（Garigliano）。在亚得里亚海（Adriatic）战区，盟军占领了福贾，然后继续向特里尼奥河（Trigno）推进。

在总参谋长的陪同下，我去圣斯皮里托（S. Spirito）见亚历山大将军。在相互信任的气氛中，我们举行了会谈。

我们商定，一旦准备就绪，就应派遣一支意大利分遣队前往第勒尼安海（Tyrrhenian）前线，与在该战区作战的美国第5集团军一起战斗。我军加入后，在该战区，第5集团军取得了有限的进展，未能成功推进到

---

[1] 1943年11月16日的内阁决议，同意莱奥波尔多·皮卡尔迪博士辞去工商和劳工大臣一职。同日的另一个内阁决议，政府首脑随即任命了以下副大臣：内政部，维托·雷卡尔博士；司法部，朱塞佩·德·桑蒂斯；财政部，圭多·容；战争部，塔代奥·奥兰多将军；商船队部，海军上将彼得罗·巴罗内；教育部，乔瓦尼·科莫；公共工程部，拉法埃莱·德·卡罗；农业和森林部，托马索·西西里教授；工商和劳工部，伊皮卡莫·科尔比诺教授；铁路和公路运输部，乔瓦尼·迪·雷蒙多将军；邮电部，马里奥·法诺教授。——原注

德军在卡西诺（Cassino）建立的著名的古斯塔夫（Gustav）防线。

此外，亚历山大将军邀请我们派遣少量的联络官，到他的参谋部工作。他告诉我，他还需要3个星期（现在是10月6日）来补充弹药供应和仓库，然后他将发动一次猛烈的攻击。然而，这次进攻的结果并不如我们所愿。尽管我军的参战部队也参加了战斗，但由于他们无法控制的原因，未能完成分配给他们的任务，尽管他们作战勇敢，也遭受了巨大的损失。

在蒙哥马利将军的指挥下，英国第8集团军尚在亚得里亚海战区作战。在该战区，平行的山脊被一系列相隔几英里、被称为河流（那里的小城镇被称为城市）的小溪流分隔。由于第8集团军在武器方面拥有巨大的优势，他们的前进缓慢而有序。在布林迪西，海量物资被搬运上岸，道路两旁堆满了大量的弹药和汽油，绵延数英里之长。这激起了人们极大的热情，并坚信，德军的抵抗将被彻底粉碎，罗马的解放指日可待。但这种热情逐渐被失望和沮丧取代。

第 13 章

———

政府扩大管辖区域

1943年12月，几架德国飞机在夜间轰炸了巴里港。由于除此次轰炸之外，普利亚从未遭到过任何空袭，也从没有对空袭的恐惧记忆，因此也从未采取过任何应对空袭的预防措施。那时，港口里停有30多艘船，有的载着弹药，有的载着汽油，几乎所有的船都并排捆绑在一起，以便卸货。这些轰炸机（attackers）从未被监控的海上飞来，事实上，炸弹开始落下时，防空高射炮才开始开火。城镇中心也附带遭到了袭击，平民伤亡无数，若干建筑物也被摧毁了。这次空袭的重点是港口。在那里，弹药爆炸和油轮起火造成了额外的损害，24艘船全部沉没。然而，德军并没有意识到他们造成了多大的破坏。在他们的无线广播中，几乎没有提到这次空袭，但事实上，这是他们最成功的一次空袭。

此次空袭给盟军管制委员会留下了深刻的印象，因为他们就驻扎在码头对面的布林迪西国际酒店。港口总是挤满了船，卸货的工作日夜不停。此外，码头上也堆满了弹药和炸弹，因此，布林迪西国际酒店绝非一个安全的居住之所。于是，乔伊斯将军立即下令，将盟军代表团转移到安全地带。搬迁花费了大约一个月的时间。最终，盟军代表团选择居住在萨兰托（Salentine）半岛的一个村庄里，每天早晨再返回布林迪西办公。这就意味着每天有4个小时的时间浪费在往返途中。

乔伊斯将军告诉我，为安全起见，政府必须转移到别处。他推荐的第一个备选地点是索伦托（Sorrento）。去那里考察之后，他才发现那里完全被盟军医院占据了。第二个备选地点是萨莱诺，那里的大部分建筑也被盟军占据了。尽管如此，我还是同意了，但我提出政府搬迁的前提条件是，这个省的行政管理需要移交给意大利，并为我提供像样的膳宿。

之前不久，梅塞元帅[①]、奥兰多[②]将军和贝拉尔迪[③]将军已经获释。这时，安布罗西奥将军已过退休年龄，他主动建议让梅塞元帅接替他，担任总参谋长。得到国王的批准后，任命安布罗西奥将军为陆军总监察长（Inspector-General of the Army），奥兰多将军出任战争大臣，贝拉尔迪将军取代罗阿塔将军，担任陆军总参谋长。在东线部队指挥作战时，罗阿塔将军因行为残忍，受到南斯拉夫指控。这一指控迄今尚未得到证实。

此时，盟军代表团通知我，艾森豪威尔将军和亚历山大将军即将到来，已经安排好我们将在巴里附近的圣斯皮里托会面。对于盟军要求我们给巴尔干游击队员提供武器和弹药的做法，新任总参谋长梅塞元帅在会上提出了最强烈的抗议。无论是艾森豪威尔将军，还是比德尔·史密斯将军，都表示对此毫不知情。当比德尔·史密斯将军亲眼看到盟军的要求时，他大声疾呼："我们希望意大利人民与盟军并肩作战，共同抗

---

① 即乔瓦尼·梅塞（Giovanni Messe, 1883年12月10日—1968年12月18日），意大利将军、政治家和陆军元帅。——编者注

② 即塔代奥·奥兰多（Taddeo Orlando, 1885—1950），1943年，非轴心国军队投降后，他作为战俘被转移到英国，同年停战后，他与梅塞、贝拉尔迪被释放。之后，他担任巴多格利奥政府的战争大臣。——编者注

③ 即保罗·贝拉尔迪（Paolo Berardi, 1885—1953），意大利将军。1943年5月，他因受伤被英军俘虏，随后作为战俘被送往英国。停战后，他被送回，之后为巴多格利奥政府服务。——编者注

击德军。为了鼓舞他们的士气，我们收走了他们的武器！"这一要求立即被撤回。接下来我们还讨论了后续的合作。盟军立即同意，给我们一个师的装备，给另外两个师配备武器，并提供组建众多技术单位所必需的工具和机械。这些承诺都未曾兑现。

会议结束后，比德尔·史密斯将军要求单独跟我聊一会儿。他告诉我，他即将调到另一个职位，将放弃目前的职位。他说，能够认识我，与我合作，他深感高兴，也倍感自豪。我向他表示衷心的感谢和真挚的关心，并祝他在新的职位上取得圆满成功。在我看来，比德尔·史密斯将军是盟军最高司令部最能干的军官。在意大利的盟军军官中，他以善于激励而著称。我总感觉他对我们很有同情心，非常慷慨。如果他无法为我们争取更多的利益，那是因为他必须执行他接到的命令。我很高兴有此机会，能向比德尔·史密斯将军表达我的友谊和钦佩。

盟军成立了意大利事务协商委员会（Consultative Commission for Italian affairs），由分别来自英国、美国、苏联、法国、希腊和南斯拉夫等国的一名代表组成。乔伊斯将军邀请我和他一起去那不勒斯，出席该委员会的第一次代表大会。在那次会议上，法国代表马西利[1]先生主持会议，他请我就意大利在战争中的协作问题发言。

我首先表示，我确信（虽然我私下里非常怀疑）委员会将立即邀请一名意大利代表参加会议。我强调，尽管意大利事务协商委员会成员代表了最高水平的理论知识和智力，但缺乏意大利人作为有益的补充，这个意大利人能够贡献处理意大利事务和心理特点的专业知识和经验。这是一

---

[1] 即勒内·马西利（René Massigli，1888—1988），法国外交官，并被认为是法国研究德国问题的主要专家之一。——编者注

个明显的缺口，应该尽快填补。接着我谈到意大利自发为盟军做出的贡献。我清楚地说明了在军事领域，我们为增加和支持我们的战斗部队所做的工作。我回顾了所有向我们提供武器的承诺，那些从未兑现的承诺，那些不断对我们的合作施加的限制，以及为了巴尔干游击队员的利益，没收我们武器的做法。我有些激动地总结道："有人问我，我们对盟军事业的贡献是什么，还能做些什么，但我的问题是：此刻我坐在这里，究竟是以朋友的身份，还是以敌人的名义？"

苏联代表维辛斯基[①]先生向我保证，他们当然是把我当作朋友。主持会议的法国代表马西利先生表示，吸纳意大利成员的问题尚未提上讨论日程，甚至委员会的职能都没有确定。会议结束时，维辛斯基先生告诉我，苏联政府希望看到意大利尽快获得解放，再次成为一个富强的国家。他补充说（正如他已经告诉我们的外交事务秘书长普鲁纳斯的那样），苏联政府热切希望与意大利政府建立直接关系。我感谢他对意大利的支持，并表示我同他一样，希望我们两国政府之间建立直接关系。会后，我立即把这次谈话的内容重复给乔伊斯将军听。我将在以后解释这一讨论的后续和未预见到的后果。

1944年1月6日，乔伊斯将军被召回美国，弗兰克·梅森-麦克法兰将军再次回到意大利。他告诉我，他的司令部将设在那不勒斯。他不仅要指挥美军，也要指挥所有的盟军部队，以便统一指挥和行动。他还告诉我，如果我国政府迁往萨莱诺，盟军打算移交除潘泰莱里亚岛（Pantelleria）和兰佩杜萨岛（Lampedusa）之外，那不勒斯和福贾以南所有省

---

① 即安德烈·维辛斯基（Andrey Vyshinsky, 1883—1954），苏联政治家、法学家、外交家。——编者注

份的行政管理权。不过，如上区域行政权的移交，取决于我们是否接受他给我的书面声明中的某些条件。

我书面答复说，他说的这些情况，提出了许多重要和复杂的问题。我已经提名了一个委员会，这个委员会由副财政大臣容、内阁办公室主任因诺琴蒂和行政专家福尔蒂教授（Professor Forti）组成，负责对此提出他们的意见和建议。我指出，被排除在外的两个岛屿是意大利领土的一部分，除非是出于军事考虑或由于战争状态而将它们排除在外，否则我无法理解。我没有收到这封信的任何答复。

委员会很快就完成了工作，并提出了许多我们认为非常有必要的修正，但此举没有得到盟军方面的认同。在这个问题上，如果我们想要对各省行使哪怕是有限的权力，希望通过在各省采取不同的方法和规定，来修复盟军行政当局所造成的损害，我们就别无选择。好在弗兰克·梅森-麦克法兰将军与萨莱诺的盟军占领当局（Allied territorial authorities at Salerno）的大力干预，移交工作所剩下的大部分障碍已克服。

随着南部省份和其他岛屿的渐次回归，我们也重组了政府，以使其与其他国家的政府一样，具有必要的地位和威望。因滞留在敌人占领的区域而无法履行职责的那些大臣，因这个原因，被解除了职务，国王重新任命了新的大臣，代替他们。内阁成员几乎没有变化，因为在几乎所有情况下，副大臣都被授予了大臣的头衔。解放区的上诉法院院长被任命为掌玺大臣，卢奇费罗[①]先生就职农业部大臣一职。几天前，菲利普

---

① 即法尔科内·卢奇费罗（Falcone Lucifero, 1898—1997），意大利政治家。——编者注

森^①先生被任命为内阁办公室副大臣。^②自从我开始在布林迪西工作以来，他就给了我许多最宝贵的帮助。

有传言说亚历山大将军正在考虑一次新的登陆，而那不勒斯、卡斯特拉马雷（Castellamare）和萨莱诺挤满了登陆艇的事实，也从侧面证实了这些传言。据说这次行动，将与第5集团军对卡西诺防线的猛烈进攻同时进行。

解放罗马的希望再次重燃。那不勒斯的美国军官激动得发狂。我很快就听说了这个计划的全部情况。当我得知登陆将在安齐奥（Anzio）内图诺地区（Nettuno）进行，由三个师完成后，我的心沉了下去。三个师完全不足以保护滩头阵地，更不足以深入推进，威胁到德军的增援部队。这次登陆对德军最高司令部而言，是一个彻底的惊喜：海滩控制在盟军手中，但盟军忙于保卫海滩，没有足够的力量展开进一步的行动。在数日的极度焦虑之后，德军非常担心海滩上的盟军会被海浪卷走，于是反应激烈，发动了猛烈的攻击。双方损失惨重，盟军不得不匆

---

① 即迪诺·菲利普森（Dino Philipson，1889—1972），意大利律师和反法西斯政治家，自由党成员。——编者注

② 由于目前的情况，下列大臣无法继续履行他们的职责，因此，国王根据政府首脑的建议，于1944年2月11日通过枢密令撤销了对他们的任命：外交大臣，拉法埃莱·瓜里利亚博士；内政大臣，翁贝托·里奇；财政大臣，巴尔托利尼博士；战争大臣，安东尼奥·索里切将军；教育大臣，莱奥纳尔多·赛韦里；公共工程大臣，安东尼奥·罗马诺；农业和森林大臣，亚历山德罗·布里齐议员；通信大臣弗雷德里科·阿莫罗索将军；同日，国王根据政府首脑的建议，通过枢密令任命下列大臣：外交大臣，马歇尔·彼得罗·巴多格利奥；内政大臣，维托·雷亚莱；财政大臣，圭多·容；战争大臣，塔代奥·奥兰多将军；教育大臣，乔瓦尼·科莫；公共工程大臣，拉法埃莱·德·卡罗；农业和森林大臣，法尔科内·卢奇费罗博士；通信大臣，托马索·西奇利亚尼博士；工商和劳工大臣，伊皮卡莫·科尔比诺教授。2月15日，根据政府首脑的建议，出于同样的原因，国王通过枢密令撤销了对司法大臣加埃塔诺·阿扎里蒂的任命，并同意朱佩塞·德·桑蒂斯辞去副司法大臣的职务。同一天，根据政府首脑的建议，国王任命埃托雷·卡萨蒂为司法大臣。迪诺·菲利普森博士于2月1日被任命为内阁办公室副大臣，2月24日，根据枢密令，彼得罗·卡帕索被任命为副内政大臣。——原注

忙撤退，以待增援。

与此同时，空军向卡西诺投下了2000多吨炸弹。在持续数小时的可怕的轰炸之后，步兵开始进攻。但步兵被精确定向的炮火所阻挡，几乎没有取得任何进展。

最初的日子充满了光明和希望，但随之而来的，只有失望和沮丧。

我得到消息说，罗斯福总统的密友，美国将军多诺万（Donovan）此时正在那不勒斯。1924年，我在布法罗（Buffalo）时认识了他，1936年，我在阿比西尼亚的默克莱（Macallfe）再次见到他，当时他是去给罗斯福总统报告形势的。这一次，他给我捎了个信儿，说他很想来看我，但他不能离开那不勒斯。因此我当即赶往那不勒斯，发现他刚从安齐奥回来。我很自然地把我面临的困难都告诉了他。他坚持要我直接写信给罗斯福总统。在这封信中，我请求罗斯福总统主动行动，改变意大利的政治地位，我还建议两国结为同盟。

组成统一战线的政党的真正领导人仍在罗马，但他们在解放区的代表，逐渐开始支持斯福尔扎伯爵和克罗齐的观点。他们请求那不勒斯的美国当局，允许他们在该市召开一次代表大会，各省的代表可以参加。当局拒绝后，他们给丘吉尔首相发了一封电报，以示抗议。丘吉尔首相回复说，他们可以在巴里召开代表大会。鉴于巴里由意大利政府控制，因此现在应由我，而不是由丘吉尔首相，给予他们必要的许可。我并没有对召开代表大会提出任何反对意见。我只是声明，大街上不应该有示威活动，以免造成混乱。我采取了必要的安全措施，并向盟军保证。盟军的这个重要基地的法律和秩序，不会受到干扰。

此次代表大会于1944年1月28日和29日在巴里剧院举行，与会的有自由党、天主教民主党、行动党、民主党、工党、社会党和共产党的代表。人们发表了许多演讲，对国王、王储和政府进行了各种各样的辱骂，场面热闹，但没有得出任何有用的结论。会议结束后，参会者都井然有序地回家了。

这一年的冬天，那不勒斯暴发了斑疹伤寒。1918年12月，战俘自俄罗斯返回特伦托威尼斯（Venezia Tridentina）后，暴发了一次类似的疫情。我应对过那次疫情，因此也深知这种流行病的严重性。我知道，像那不勒斯这样一个人口众多的城市，缺乏干净的水和必要的清洁设施，卫生条件极差，死亡率难免居高不下。然而，盟军当局以惊人的速度和效率，组织了抗疫行动。市政当局，特别是我们的医生，也以最大的热情投入抗疫行动中去。盟军当局所采取的措施的效果显而易见。几天后，病例和死亡人数迅速下降。短时间内，这种流行病就被控制住了。

政府搬迁到萨莱诺后，开始高效工作。当丘吉尔首相在下议院就意大利事务发表演讲时，盟军管制委员会一部分搬到了萨莱诺，另一部分仍在那不勒斯。在热烈赞扬了意大利陆军、海军和空军所取得的成就之后，丘吉尔首相还宣布，我国政府所做的一切使同盟国完全满意，他认为不会有其他政府能跟意大利政府一样，如此高效地管理军队。他还补充说，他认为，要求意大利现任政府进行改革是不可取的。他还认为，对意大利政治局势的审查，以及在更广泛的基础上组建政府的问题，应推迟到罗马解放以后。但即使在那时，他也怀疑，新组建的政府是否能享有与武装部队同等的威望。

同盟国在移交南部省份给意大利政府时所表现出来的对我们的信心，以及丘吉尔首相在下议院的演讲，无疑提高了现政府的地位，并使现政府以饱满的精力，寻求国家内部问题的解决方案。

由于要求国王退位及王储放弃王位继承权，六方领导人发现，他们似乎陷入了无路可退的僵局。在我的同意下，共产党的领导人帕尔米罗·陶里亚蒂①从莫斯科返回，他在那里待了十年。帕尔米罗·陶里亚蒂的介入，为此提供了一个解决方案。接下来我会继续详加解释。

---

① 帕尔米罗·陶里亚蒂（Palmiro Togliatti, 1893—1964），1925年，意大利法西斯党实行一党专政后，他一度被捕入狱。1926年，他前往莫斯科，11月意共总书记安东尼奥·葛兰西被捕后，他继任意共总书记。1944年3月，法西斯政权倒台后，他返回意大利，1944—1946年，历任不管部大臣和司法大臣等职。——编者注

第 14 章

与苏联的条约和罗斯福宣言

之前我曾提到过，在意大利事务协商委员会开会时，苏联代表维辛斯基和我一致认为，苏维埃政府和意大利政府之间很乐意建立直接关系。

我从西西里岛和撒丁岛收到报告说，在与盟军军事当局的会谈中，维辛斯基对我国表示了深切的同情。他还宣称，意大利应恢复其以往的实力，恢复其在地中海的历史性作用。但我们在那不勒斯会面后不久，维辛斯基就返回莫斯科，接受了一项重要任命。我确信，他一定会全神贯注于解决工作中的紧迫问题，而忘记了我们的谈话。但我完全错了。

维辛斯基在意大利事务协商委员会中的职务由博戈莫洛夫（Bogomolof）大使继任。博戈莫洛夫到任后，立即要求与我会面。他提醒我在那不勒斯与维辛斯基的谈话，并想确认一下，我是否准备以书面形式向苏联政府提出请求，请苏联政府委派一名代表到意大利政府，请求意大利政府派一名代表到莫斯科去。我告诉博戈莫洛夫，我随时准备以书面形式，确认我口头说过的任何事情，并立即答应了他的要求。

为体现我一以贯之的忠诚和正直，我一直非常小心地维护我跟盟军方面弗兰克·梅森-麦克法兰将军的关系。我吩咐外交事务秘书长普鲁纳斯先生立即去见盟军管制委员会的主席，并告诉乔伊斯将军我们跟苏联方面的联系，以及我跟博戈莫洛夫会面的所有细节。

数日后，在M.科斯提列夫（M.Kostilev）先生的陪同下，博戈莫洛夫在此之前来拜访我。他告诉我，斯大林元帅同意了我的请求，并任命M.科斯提列夫先生为他驻意大利政府的代表。M.科斯提列夫先生是苏联驻安卡拉（Ankara）大使馆的首席参赞，即将被擢升为大使。我当时没有提到要派往莫斯科的意大利代表的名字，后来我国驻喀布尔（Kabul）大使夸罗尼（Quaroni）先生最终当选。我和博戈莫洛夫共同起草了要向媒体发布的公报。会面结束后，当天我就派外交事务秘书长普鲁纳斯先生去通知弗兰克·梅森-麦克法兰将军。

但英美方面的反应出人意料。

弗兰克·梅森-麦克法兰将军立刻来见我，并表示他非常惋惜，这个问题如此严重，我却没有把全部情况告诉他，也没有表现出我们之间一向具有的坦率和真诚。我立即向他指出，他不能对我提出这样的指控，因为我行事非常谨慎，我不仅通知了乔伊斯将军我在那不勒斯与维辛斯基的谈话，还派外交事务秘书长普鲁纳斯先生告知了我与博戈莫洛夫谈话的细节。我说，到目前为止，意大利与他国的建交关系，仅限于同我签署了停战协定的三个国家中的两个，即英国和美国。我认为，我希望尽快同第三个国家建立直接关系是很自然的。我指出，苏联目前已经是欧洲强国，同这样的强国直接接触，符合意大利的利益，并且有7万多名意大利战俘至今仍滞留苏联境内，我渴望得到他们的消息。"即使是你，将军，"我补充道，"如果你处在我的位置上，你也无法拒绝一个战胜国的友好表示。"

两天后，弗兰克·梅森-麦克法兰将军再次来见我，给我带来一份备忘录。备忘录内容如下：根据盟军最高司令部的命令，意大利政府不得与任何国家，无论是同盟国还是中立国，直接建立外交关系。出于军事安全方面的考虑，意大利所有对外通信也必须通过管制委员会转发。最后这句话直接把我列入了嫌犯黑名单，这让我很生气。我写信给弗兰克·梅森-麦克法兰将军说：

> 我亲爱的将军，停战协定的条件虽然苛刻，但我不相信，没有一个条款是禁止意大利与同盟国或中立国缔结协议的，并且我也不认为盟军最高司令部"出于军事安全利益"的干涉是正当的，因为这种安全原因无法被定义，也无从援引。盟军最高司令部单凭一句为了军事安全的考虑，就可以正当干涉他国内政。因此，这项禁止是加重停战条款的又一个例子，或者更准确地说，是对停战条款更严苛的解释。

> 我认为，我本人、我国政府对同盟国的态度，以及苏联政府建交的倡议，都不是招致3月25日备忘录的正当理由。苏联政府建交的倡议过去和现在都是对意大利的友好姿态，我不能拒绝，即使我希望这样做。我必须相当坦率地说，当下意大利经历的就是一个缓慢而渐进的窒息过程。盟军政府的干预，并不局限于只是监督意大利的行政管理和政府管理方式，还要干预意大利生活的最小细节，并做出明确的、不可撤销的决定。在这种情况下，我和我国政府沦为执行盟军要求的工具，而同时意大利人民却要求我们对那些与我们无关的行动负责。

> 任何一个政府，无论它是如何组成的，都无法在这种日益屈辱的、首先是极度僵化的限制下长期继续运作。我并不是说我这样的沟通方式是更好的选择，但至少是更诚实、更光明正

大的选择。盟军政府如果真的想治理这个国家，应该直截了当的，而非寻找各种牵强的借口。

尽管有时我不得不怀疑——这真的是你的建议。所以我必须说，出于忠诚和友谊，我亲爱的将军，在这样一个艰难的时刻，必须避免目前严峻的局势。如果盟军能采用真正明确的建设性政策，那将是仁慈和明智的，对我们所有人都有好处。

你也深知，共同交战这个词仅仅是出现在停战协定中的一个空洞的名词。由于许多原因，9月3日和29日的停战协定被认为是过时的，要么是因为其中的有些条款已被执行，要么是因为有些条款无法执行，要么是因为有些条款已被其他协定所取代，等等。现在我问自己，也问各位，如果把这些文件合并成一个没有过时条款的新协议，是否对我们和所有有关各方都好得多，正如我坚信的那样？唯有在明确确立意大利的国际地位的基础上，并从今天的实际出发，我们以最忠实的态度共同践行了6个月的"共同作战"才能得到明确的界定，并且我不认为我的要求不可能实现。

我也许会为自己犯下的许多错误责怪自己，但至少在同盟军打交道时，我从来没有说错过话。我相信事情就这样解决了，但事实上，我写给弗兰克·梅森-麦克法兰将军的那封信后来被束之高阁。

即便如此，英国人还是很恼火。美国和英国政府急忙分别任命柯克（Kirk）和查尔斯[①]（Charles）爵士为驻意大利大使，但同时，不允许我派

[①] 即诺埃尔·查尔斯（Noel Charles，1891—1975），英国外交官。——编者注

大使入驻华盛顿和伦敦。

查尔斯爵士对意大利政府目前的处境，表示了极大的理解和同情。在我同他的谈话中，他谈到了我国同苏联政府之间的关系，以及两国互派大使的做法。他告诉我，这使得英意关系变得冷淡。我回答说，我不理解，为什么英国政府只跟我讨论这个问题，而没有向莫斯科提出抗议。

我跟M.科斯提列夫之间的关系，一开始也并不太愉快。他告诉我，斯大林元帅认为，在意大利军队中，协同意军作战的南斯拉夫人被当作奴隶对待。M.科斯提列夫说，当务之急，必须向铁托元帅[①]所部派遣增援部队，因此他认为，我应当允许铁托元帅的一名代表访问意大利军队，并将军队中的所有南斯拉夫将士征召到巴尔干战区。

南斯拉夫问题已经给我带来了许多麻烦。从南斯拉夫达尔马提亚海岸，英国人将数以万计的斯拉夫和斯洛文尼亚难民转运到意大利。他们并不是很受欢迎的客人。其中许多人戴着红色贝雷帽，上面饰有锤子和镰刀，他们需要为一系列针对平民的暴行负责。我不得不将他们暂时收容在拘留营里，并承诺尽快将他们送往北非。这些人中，还有许多人从事地下活动。在一些盟军官员的帮助下，他们潜入我们的武装部队，在我们的斯洛文尼亚士兵中进行各种宣传，让他们逃离军队。事实上，的确有一部分斯洛文尼亚士兵被这些特工的承诺吸引，已经离开了他们原先的连队。得知情况后，我立即向弗兰克·梅森-麦克法兰将军提出抗议，并将逃兵和重新加入其他军队的人的名单交给了他。弗兰克·梅

---

① 即约瑟普·布罗兹·铁托（Josip Broz Tito，1892年5月7日—1980年5月4日），南斯拉夫革命家、政治家，南斯拉夫共产主义者同盟中央委员会总书记、主席，南斯拉夫社会主义联邦共和国总统、总理，南斯拉夫元帅。——编者注

森-麦克法兰将军也对所发生的事情极为恼火，并向我保证，盟军将迅速为他们开通回到南斯拉夫的交通线，并立即采取行动，制止这些不受欢迎的活动。经过一段时间的整治，非法宣传活动逐渐消失了。

现在，M.科斯提列夫在法律基础上提出了难民问题，于是我以书面形式答复说，我愤怒地否认了铁托元帅关于我们军队中斯拉夫人待遇的声明，并请他提供支持这条指控的证据。我向M.科斯提列夫指出，在意大利军队中服役的斯洛文尼亚人是意大利臣民。根据我国同南斯拉夫政府在《拉巴洛条约》（Treaty of Rapallo）中达成的条款，他们是居住在意大利王国领土内的意大利臣民。因此，根据意大利的法律，他们和所有其他意大利臣民一样，被征召入伍。如果M.科斯提列夫先生指的是他们，并要求我把这些意大利臣民交给铁托元帅，以增加他的兵力，那么这个要求我是绝对不会接受的。同时，这也严重违反了意大利的法律。然而，如果M.科斯提列夫先生相信，我们征召了非意大利臣民的斯拉夫人，我要指出，墨索里尼所吞并的卢布尔雅那省（Ljubljana）的居民已被免除了服兵役的义务。我准备提请弗兰克·梅森-麦克法兰将军任命一个由三名成员组成的委员会——一名英国人、一名美国人和一名俄罗斯人——访问我军武装部队，以证明我陈述的真实性。

事情到此为止，委员会没有被任命。我与弗兰克·梅森-麦克法兰将军讨论此事时，他告诉我，铁托元帅不需要人手，只需要弹药和食物。

这时又出现了另一个更关乎我们切身利益的问题。

英国BBC广播电台播出了路透社的一则电报广播。报道称，罗斯福总统在新闻发布会上表示，根据德黑兰达成的一个协议，三分之一的意大利军舰将移交给苏联。这些军舰将由苏联海军驾驶，悬挂苏联红旗，将受派去地中海以外海域作战。这个消息像野火一样蔓延开来。坏消息总是这样，引起了全国最大的恐慌和海军舰队官兵最强烈的骚动。我立即指示海军大臣，向全体海军官兵保证，我正在处理此事，他们必须保持冷静。我请求弗兰克·梅森-麦克法兰将军来见我。我告诉他，我没有得到官方消息，以证实路透社的消息是否属实；但如果属实，我国政府将立即辞职以示抗议。我向他保证，如果盟军采取这种无理的行动，没有其他任何政府会就职。我指出，停战以来，我军海军忠诚地执行我许下的承诺。但在这种情况下，无论军舰在哪里，我无法确保海军将士不会击沉军舰，破釜沉舟，以最决绝的方式，抗议罗斯福总统的宣言。弗兰克·梅森-麦克法兰将军既惊讶又苦恼，他恳求我，在盟军政府发出正式函件之前，不要采取任何行动，也不要向新闻界发表任何声明。我立即同意了这个最合理的建议，但我警告他，下午我必须觐见国王，让他了解情况，并通知他政府的决定。

几天后，一份美国官方公报声明，路透社的消息并不确切。声明指出，报道总统宣言的路透社记者省略了一个完全改变其意思的短语，因苏联在北极执行任务，英国和美国承诺给俄罗斯的，不是意大利舰队的三分之一，而是相当数量的物资。这件事多少被优雅地掩盖了过去，被人遗忘了。但政府的坚决态度给意大利人民留下了良好的印象，甚至对政府持敌对态度的政党，也向我发出信息，以示支持和赞同。

第 15 章

———

新省、盟军的控制和消除法西斯主义

在1944年2月2日移交给意大利政府的诸省份中，最让我担心的是西西里岛。菲诺基亚诺·阿普里莱①先生组织了一场运动，目的是将该岛从母国分离出去，并将其置于外国势力的保护之下。

与此同时，许多大地主又开始公开支持黑手党了。在法西斯主义统治时期，由于西西里省督莫里（Mori）采取了有力的措施，这个秘密组织几乎失去了所有权力。我接见了许多西西里的领袖人物，他们向我描述了令人非常不安的事态。即使是比较温和的人，也认为目前唯一的补救办法就是给予西西里岛很大程度的地方自治权。由于通信的不稳定，我发现，在处理这一情况时，遇到了极大的困难。

我们专门召开了大臣会议，针对西西里岛问题，进行了详细的讨论，最终决定，必须任命一名全权负责的西西里高级专员。但为了不恢复盟军治理时期的独裁方式，高级专员将在协商委员会的协助下展开工作，协商委员会的成员由政府选出的9名代表组成。如果需要讨论西西里相关事务，这位高级专员也将出席大臣会议。他可以提交自己的议案，也可以提交协商委员会的意见。通过这种方式，政府将全面了解西西里的问题，并将直接负责所有相关决定。

---

① 菲诺基亚诺·阿普里莱（Finocchiano Aprile, 1878—1964），意大利政治家，1943年，他领导了西西里独立运动。——编者注

由于波莱蒂（Poletti）上校离开西西里，就任那不勒斯和坎帕尼亚（Campania）总督。我就他的继任者的人选请教了他，他向我推荐了穆索托（Musotto）。我也咨询了其他一些西西里的显要人物。关于西西里高级专员人选的问题，大臣会议分歧很大，但最终还是同意了对穆索托的任命。在内政大臣的陪同下，我飞往西西里首府巴勒莫（Palermo），任命穆索托为高级专员。第二天，我去了卡塔尼亚（Catania）。那里的生活几乎恢复了正常，这要感谢当地居民的积极努力。最后我去了墨西拿（Messina）。1908年的地震几乎完全摧毁了这座城市，我曾多次来到此地，见证了这座城市艰难而缓慢的重建过程。现在，36年过去了，我再次故地重游。经受过多次轰炸，墨西拿几乎被夷为平地，70%以上的房屋都被摧毁。

目前西西里岛最迫切的需求，就是尽快恢复受到各种形式的犯罪威胁的法律和秩序。我命令重新整编已经驻扎在岛上的卡宾枪骑兵队，同时征召新人加入卡宾枪骑兵队。与此同时，我与弗兰克·梅森-麦克法兰将军商量，派出两个师的军队进驻岛内。大臣会议对西西里岛高级专员的工作并不满意，他缺乏干劲，也没有有效地处理该岛的混乱局面。我领导的政府决定取代他，继任政府也最终罢免了他。

撒丁岛的问题是裁减驻扎该岛的军队。1943年，大批军队在那里集结，并且科西嘉岛成功解放后，更多军队又调集到了撒丁岛。大量的军队必须依赖当地居民的供养，这给他们带来了沉重的负担。好在盟军及时给岛上驻军提供了口粮。然后，随着船舶的增多，不少驻军被调防至西西里岛和大陆，岛上的负担大大减轻了。鉴于通信困难，再次决定任命一名撒丁岛高级专员，最终我们选择了空军的平纳（Pinna）将军。平纳将军本人就是撒丁岛人，深受当地居民的尊敬和爱戴。

现在我必须谈谈盟军管制委员会的新举措。

莫斯科会议后几天，艾森豪威尔将军发表了一份公报，宣布：

成立意大利行政协调会；根据停战条款的设想，该行政协调会将负责控制意大利的军事和经济活动；意大利需要在战争中扮演新的角色，即跟盟军一道，对抗共同的敌人——德国；盟军管制委员会将见证，意大利将其所有的经济资源和人力资源都用于它在这场战争中能够发挥最大作用的地方。

联合国正在把意大利变成对德战争的有效工具，期望意大利政府加快拯救自己国家的步伐，并证明其对联合国的价值。

我必须指出，意大利在战争中所扮演的新角色，即对抗德军，这并不是停战协定的结果，也不是莫斯科会议的结果，甚至也不是由于与同盟国达成协议的结果，这完全是1943年9月8日停战协定公布后，为顺应意大利人民和武装部队自发报国的民意，意大利政府单方面做出的决定。因此，盟军管制委员会原本应该顺应意大利人民的民意，即帮助意大利充分发挥其作为共同交战国的作用。但现实中所发生的事情正好相反。首先盟军管制委员会选择的名称就是一个最糟糕的选择，对提升意大利政府在国内外的威望毫无助益。

盟军管制委员会最大的弊病，是对停战协定的条款最严苛的应用、最八竿子打不着的解释。根据艾森豪威尔的公报，意大利行政协调会的职责本来应该是"对军事和经济活动的控制"。但由于职权滥用，在很短的时间内，盟军管制委员会就对意大利生活的方方面面产生了越来越大的干扰，甚至在政治领域也是如此。为扩大权限，意大利行政协调会下属的一个政治部门随即成立。各个下属部门不仅"控制"各类活动，而且开始发布自己的命令，部门间的指令甚至互相抵触。所有官僚机构的天性都是自然扩张，以证明其存在的合理性，并增加其重要性。

军事当局的规定、盟军管制委员会的干涉，以及盟军控制省份的军事、政府的分而治之，所有这一切加起来，使得意大利政府不可能再动员全国的力量，更无法增加军队的力量，以抗击德军。即使在意大利政府管辖下的省份，最低级的盟军官员，也可以暂停或甚至取消意大利最高当局采取的措施！

我和盟军管制委员会历任主席之间一直存在着最良好的关系和最全面的合作。盟军控制委员会中，有些人员经验丰富，才优干济，能以正确的精神履行职责；但另一些人员缺乏训练，完全不了解自己的职责。他们意外地发现，自己处在一个危机四伏、社会和经济生活极端混乱的未知国家里，却一下子被赋予了控制数百万人民的权力。当这些官员的指令没有产生预期的结果时，他们倾向于指责意大利人无能、懒惰和效率低下。他们根本认识不到，他们发出指示时，完全不了解意大利传承了两千多年的习俗和传统，也完全没有意识到他们所面对的是一个正在经历历史上最大考验的民族。至于对于意大利人民的懒惰和低效率的指责，尽人皆知，意大利人民以其坚韧、勤奋和天才，为人类的进步做出了巨大的贡献。

协商委员会（Consultative Committee）清楚地认识到管理乱象的危险及其对意大利和同盟国事业的灾难性后果。1943年12月底，协商委员会向同盟国政府建议，把由同盟国军事政府管理的省份交还给意大利政府。最终同盟国同意减少盟军军事政府对占领区域的管理，自1943年12月1日起，除那不勒斯及其周围的重要区域之外（仍在盟军军事政府的控制之下），意大利政府恢复了对解放区诸省的控制。

彻底消灭法西斯主义的法律已经颁布，根据随后的枢密令（Order in Council），政府专门设立了一个委员会来执行该法令的各条款，因为要设立和政府办公室一样多的委员会是不可能的。但很快我们就发现了问题，这项法律只规定了消除国家雇用和国家控制下的公共机构中的不良分子，而许多支持法西斯主义，并因此享有特权地位和巨额利润的私人组织，则完全不在此法令的打击范围之内。因此枢密院的这条法令被称为"消除法"（Expurgation Law），由掌玺大臣埃托雷·卡萨蒂[1]修订，但这些修订遭到了几位大臣的强烈反对。对一些被时间神圣化的法律观念的篡改，引起了很大的骚动。我邀请了德·尼科拉博士[2]（Dr. De Nicola）、福尔蒂教授和阿尔塔维拉教授（Professor Altavilla）等几位著名法学家，审查这些修订。他们也提出了一系列修改建议，最终草案提交给了下届政府。该法令要求，任命一名高级专员来执行法令。蒂托·扎尼博尼（Tito Zaniboni）被任命为高级专员，他曾在监狱和集中营待了很多年。

大约就在这个时候，我收到了罗斯福总统给我的回信。他的密友美国将军多诺万在意大利时，我委托他给罗斯福总统捎去一封信。罗斯福总统感谢我，"像老兵一样"坦率地给他写信，这使他能够以同样的坦率回答问题。他充分赞赏我和我国政府为盟军并肩作战所做的努力，并准备承认我们的忠诚合作。但在他看来，只有建立在所有反法西斯政党充分合作的基础上的民主政府，才能从自己的国家获得最大的支持，以便更大限度地参与战争。这样一个政府成立后，罗斯福总统将再次审视

---

[1] 埃托雷·卡萨蒂（Ettore Casati, 1873—1945），意大利法学家、政治家，1944年担任司法大臣。——编者注

[2] 即恩里科·德·尼科拉（Enrico De Nicola, 1877年11月9日—1959年10月1日），意大利法官、记者、政治家，1946年到1948年任首任意大利总统。——编者注

意大利的形势。

就在这时，与英国首相关系密切的麦克米伦先生从英国返回了意大利。他表示想见我，于是我们安排了一次会面。我和弗兰克·梅森-麦克法兰将军、里伯、卡恰和普鲁纳斯先生都出席了会议。麦克米伦说，从个人角度而言，丘吉尔首相本人对我很友好，但他希望我能尽快建立一个真正的民主政府。麦克米伦坚持认为，我们没有认识到英国舆论的重要性。人们对意大利怀有极大的敌意，因为它向一个传统上友好的国家宣战，而当时这个国家正处于深渊的边缘。此外，英国人也无法忘怀，地中海战役中同盟国牺牲了20万人。英伦民族的态度改变得非常缓慢。

在意大利人看来，这似乎是一种缺陷，但从另外一个角度而言，其优势在于，公众舆论不会剧烈波动，当他们感受到意大利人民的诚意后，他们将再次成为意大利的忠实朋友。只有像丘吉尔首相这样一个深受爱戴和尊敬的人，才敢逆流而上，才能在演讲中赞扬意大利，而不会招致人民的反感。然而，尽管他很强大，但如果他不想引起严重的反应，他也有不能超越的限度。

因此，我们必须认真注意英伦民族的民意，并像过去那样，继续忠诚合作，不让自己灰心丧气，耐心地等待未来。

第 16 章

————

宪法的妥协

我不断接到盟军的请求，要我组建一个民主政府，代表所有的党派。于是，我决定再次联系他们的领导人，以便讨论各党派的合作问题。但我没有成功，因为每一个党派都把国王退位作为合作的一个条件。关于这个问题，我与德·尼科拉博士进行了一次非常有趣的讨论。他是一位杰出的宪法律师。他以清晰的逻辑向我证明，除了导致意大利人分裂之外，国王的存在没有任何意义，因此，必须找到一个方案，不是退位，国王也会欣然接受，但同时又意味着国王将从政治舞台上消失。德·尼科拉博士还告诉我，他同克罗齐、斯福尔扎伯爵和其他政党的领导人进行过多次会谈，并成功说服他们放弃要求废黜王储的主张。他答应我，他会制订详细的计划，然后再来拜访我。

　　几天后，德·尼科拉博士再次回到萨莱诺，告诉我他已经找到了折中的办法：国王任命王储为意大利王国的摄政王（Lieutenant-Genera），将王室的所有特权都永久地移交给王储，国王自己则应该退休，过私人生活。德·尼科拉博士说，他已请求觐见，将这一提案提交给国王。鉴于他渊博的知识，我没有提出任何反对意见，尽管在我看来这样做似乎只是在重蹈覆辙。我们有过国家由摄政王统治的经验，但我们从来没有让一个人拥有完全和永久王权的经验。由于我对宪法一无所知，我认为这样做会造成一种反常的局面。我们应该永远剥夺国王的所有权力，只留下一个空洞的头衔，取而代之的是一个摄政王，他将永远拥有王室的所有权力，却没有国王的头衔。

如果是我站在国王的位置上，为了王储的利益，我会毫不犹豫地选择退位，这样王储会以更大的威望登上王位。我非常理解为什么国王不会在7月25日退位，因为他不愿意让自己的儿子去应对如此复杂的局面，他希望自己整顿好江山。但到达布林迪西之后，随着马耳他停战协议的签署及对德宣战后，局势或多或少地稳定下来，此刻就是国王退位以助王储的好时机。

德·尼科拉博士与国王进行了一系列会谈，原则上，国王极不情愿地接受了这个计划。国王随后通知我，这个计划将在罗马解放后生效，以便我可以尽快通知弗兰克·梅森-麦克法兰将军和盟军政府。

事情已经定下来了，我也告诉过弗兰克·梅森-麦克法兰将军，一到罗马，我就辞职。这样国王就可以毫无困难地与躲藏在城里的各政党领袖讨论建立民主政府的问题。但我认为，在任命摄政王的同时，宣布组建新政府，既不合乎逻辑，也不明智。因为这将意味着意大利需要同时面对两场危机，一场是宪法危机，另一场是政府危机。我认为，既然国王已经同意授予王储摄政王职位，最好是立即实施。现在看来，我们不太可能在不久的将来回到罗马，而这段时间足够王储在抵达罗马之前熟悉他的新职务。我跟王室事务大臣沟通了一下我的观点，于是国王决定召集各部大臣发表一个声明。声明中，国王说他决定提名他的儿子王储殿下为摄政王，但这只有在罗马解放之后，而非之前生效。很明显，这么多人知道这条消息，当然无法保密，于是这条消息在经过无数修改和补充之后，广为流传。

在我看来，通过公布国王声明的全文，来阻止所有这些不准确的报道，是可取的做法。我跟德·尼科拉博士谈及这件事，他完全同意我的看法，并答应跟国王谈谈。然而，出人意料的是，盟军出面进行了干预。

弗兰克·梅森-麦克法兰将军、麦克米伦先生和墨菲觐见了国王，并将英国驻意大利大使查尔斯爵士引荐给国王。英国驻意大利大使查尔斯爵士也是英国的政治代表和协商委员会的成员。他刚刚离开巴西，抵达那不勒斯。觐见刚一结束，美军代表们立即提出关于公布任命摄政王的问题。国王非常惊讶，因为向国王提出任何问题都是不符合礼节的，但在要求觐见的请求中，却没有提到这一点。国王回答说，他将慎重考虑这件事，再将自己的决定告知盟军方面。

当时我得了严重的风湿病，卧病在床，外交事务秘书长普鲁纳斯先生很晚才来告诉我发生了什么事。我挣扎着爬起来，去拉韦洛（Ravello）觐见国王。我发现他非常生气，就向他保证，我会尽我所能推迟权力移交的时间，直到我们到达罗马。他在这一点上非常坚持，他说："我以国王的身份，跟彼得罗·巴多格利奥元帅一起离开罗马，现在我也想以国王的身份，跟彼得罗·巴多格利奥元帅一起回到罗马。"

盟军代表在辛波乃别墅（Villa Cimbrone）等着我。我回到那里后，我们立刻就这个问题展开了激烈讨论。美国人墨菲立场特别强硬。我竭尽所能来说服他们，国王的请求并没有改变声明的性质，只是饱含了对一个75岁君主的关心、体贴和同情。如果他曾经犯下了错误，那么解除墨索里尼职务、要求停战、对德宣战，以及与同盟国一道并肩作战，以上种种也应该可以将功补过了。我确信，同盟国会立即同意公布任命摄政王的正式声明，但他们认为国王可以返回罗马之前，不应进行权力移交。

我和外交事务秘书长普鲁纳斯先生都确信盟军代表已经接受了我的建议。回去后，当着普鲁纳斯先生的面，我把这个消息告诉了国王。国王非常热情地感谢我所做的一切。第二天早上，我收到了来自盟军的消息，这条消息也在同一时间公布给了新闻界。通知上面写着：国王已经宣布了他不可撤销的决定，任命王储为意大利王国的摄政王，一旦盟军进入罗马，这一决定将会生效，王室的权力也会移交给摄政王。我提出的原以为已被同盟国接受的方案，在最后一刻改变了。

国王受到如此严苛的对待，立即在人民中引起了相当大的不满。盟军代表匆忙地在报刊和无线电上宣布，他们仅限于向国王提供建议。我跟弗兰克·梅森-麦克法兰将军谈及这个问题，告诉他，国王对这种毫无预兆的干涉非常恼火，说自己已被逼到绝境了。我指出，盟军代表声称他们只提出建议，但这至少是不诚实的。

"如果这也算是劝告的话，"我补充说，"那建议也是用手枪指着他给出的。"

这时，意大利共产党领导人帕尔米罗·陶里亚蒂已经抵达那不勒斯。随即，他发表了一次严肃而客观的演说。这对人民产生了很大的影响：针对目前的情况，意大利人民必须努力实现两个目标，一是进一步支持武装部队抗击德军，二是加强旨在消灭一切法西斯分子的斗争。他表示愿意与我国政府合作，目前不提出君主制的问题，而是把这个问题留给制宪会议来决定。

在波坦察（Potenza）的另一次演讲中，帕尔米罗·陶里亚蒂宣称，共产主义也尊重个人家庭以及各人的宗教信仰，绝非是将个人财产集体化。共产主义旨在建构一套经济体系，以改善工人阶级的状况。他相信每个人都会支持这个计划，但很多人不相信他的诚意。无论如何，帕尔米罗·陶里亚蒂的宣言，即共产党的宣言，在其他党派中引起了极大震动，为他们提供了一个从误入的死胡同中逃出来的机会。此外，国王关于摄政王的声明，也似乎消除了迄今为止阻止这些党派与我国政府合作的所有障碍，几位各党派的领导人同我取得了联系。我当即采取了预防措施，向当政的各部大臣发出警告：除非我们进行政府改组，否则从同盟国那里，我们永远不可能得到更好的政治条件。为了国家的利益，不要考虑自己的个人得失。大臣们一致向我递交了辞呈。

我首先约见克罗齐，他向我保证自由党会支持我。罗迪诺代表天主教民主党，也说了同样的话。我知道我可以依靠社会党和共产党，并且我得到承诺民主工党也会支持我。现在，唯一持敌对态度的是行动党，他们认为我不是出任政府首脑的合适人选。但即使是行动党保持袖手旁观，六个政党中有五个准备与我合作，因此我可以宣称我领导下的政府充分代表了民意。

我立即克服了一大困难，向各党派的代表承诺，他们将在平等的基础上加入内阁。迅速采取行动的主要障碍主要来自各部大臣人选的确定。每个党派都要求获得某些职位，特别是内政大臣的职位。最后，通过为每个政党设立一名代表，任命不管部大臣，并在各个职位上建立一套检查制衡制度，我成功地组建了一个内阁，内阁甚至得到了行动党的支持。

很多人不免发出疑问，为什么任命如此多没有职务的大臣。其实，任命一些杰出人物担任大臣，有着悠久的传统，他们的名声有助于提高政府声望。出于这方面的考虑，我决定任命克罗齐为不管部大臣。他的名字为大家所熟知和尊敬，但以他的年龄，他又不可能承担大臣这一艰苦的工作。但斯福尔扎伯爵表示他也想成为不管部大臣，罗迪诺立即说，自己曾担任过几任大臣，而斯福尔扎伯爵只担任过一次，他希望获得类似的荣誉。社会党和共产党随后也提出要求，在不管部大臣中应有自己党派的代表，因此帕尔米罗·陶里亚蒂和曼奇尼（Mancini）加入了这个行列。这样一来，内阁不免显得头重脚轻，但拥有一定数量的副大臣是有好处的，他们不必承担一个部门繁重的日常工作，因此可以专心研究特定的问题。新内阁的每个部门都有一个不同政党的副大臣。

在大臣和副大臣的第一次会议上，大家共同确定了政治方案的总路线，但实际的起草工作，则留给了不管部大臣。接着就出现了就职宣誓这个棘手的问题。我提议，在大臣们签署誓词之前，我应该向国王宣读以下声明：

> 国王陛下，我很荣幸向你引荐新政府的成员。他们属于每一个政党，他们没有放弃对自己政党的忠诚，但同时在这个重大时刻，他们也准备把自己对政党的忠诚置于我们的共同需要之下，这对拯救国家是必不可少的。

大家接受了这个声明，宣誓仪式毫无困难地完成了。

第 17 章

团结一心的民主政府

新一届大臣会议于1944年4月24日举行了第一次会议。

以下是关于上届政府外交政策的声明：

　　　意大利政府曾经设定了一个美好的目标和明确的政策路线——在我们和盟国之间营造忠诚、信任和合作的气氛。经过三年艰苦的斗争，我们达成了这一目标，这是非常不容易的。

　　战争造成的痛苦和苦难，仍然如影随形。由于敌人恶意抹黑，而留下的深重的伤口仍在隐隐作痛。我们每个人都必须认识到，目前的局势与停战之前和之后的日子完全不同。我想，我可以断言，同盟国现在一定已经认识到，在与我们的关系中，新意大利完全可以信赖。这是今后一切行动的必要起点，也是今后一切主动行动的必要条件。今天，同盟国毫无疑问地知道，他们取得的一切胜利，都被意大利人民视为共同事业的胜利。

　　第二年3月，苏联政府表达了良好的愿望，欢迎我们恢复永远不应被破坏的友谊，直接建交。这是友好的表示，在那些黑暗的日子里，深深地感动了意大利民族。我们怀着钦佩的心情，密切关注着这个国家的一切：俄罗斯人民的英勇斗争，其领导人所表现出的决心，以及在国家活动的每一个领域中，所表现出的无声的团结和力量。我们曾在同盟国会议上承认苏联强大的政治和军事力量，现在，我们希望再次奉行友好和相互尊重的政策。

我们必须记住，我们至少与44个国家处于战争状态或中断了外交关系，因此，我们必须努力与世界上大约四分之三的国家恢复外交关系。法西斯政权造成了彻底的孤立。我们最直接和最重要的目标是，与联合国每一个国家建立和平与友谊。

我们已经采取步骤，重新建立我们同拉丁美洲各共和国的关系。文化、宗教和种族的纽带，把我们紧紧联系在一起。在这些共和国中，有数百万意大利人被认为是纪律严明、头脑清醒、工作勤奋的公民。这一努力迟早会开花结果。

我们同样渴望尽快开始改善和澄清我们同希腊和南斯拉夫的关系。我们希望为前政权犯下的罪行赎罪，并与亚得里亚海另一边的那些国家建立友谊和良好的感情。加里波第师（Garibaldi division）的杰出贡献，以及同希腊游击队作战的各小分队的英勇表现，最近又受到铁托元帅的表彰。这些都是我们成功的最好预兆。

尽管最近几年发生了不愉快的分歧，但我也于1943年10月公开表达了我们对法国的友谊。戴高乐①将军的讲话，显示了他对意法未来友好关系的赞同和信念。我完全赞同这种看法。法国驻意大使马西利先生一直同我们保持着频繁而密切的接触，此外，我们同法国解放委员会之间已经建立了关系。目前在意大利前线作战法军官兵，已经与我们的将士培养了深厚的战友情谊。这是肯定会发生的。这进一步证明了我们两国

---

① 即夏尔·戴高乐（Charles de Gaulle，1890年11月22日—1970年11月9日），法国军事家、政治家，曾在第二次世界大战期间领导自由法国运动。——编者注

之间需要和解，我们也确实没有产生严重分歧的理由。法军在意大利登陆的时候，我给法军总司令发了一封电报，表达了这一善意。

当我谈到战友关系时，我指的是第8集团军和波兰远征军之间立即产生的理解与支持。波兰将士是这个民族的英雄代表。自从两国的复兴运动以来，波兰民族就一直与意大利有着最密切的文化和理想联系。

在这次会议上，我并不打算对整个外交事务领域做详尽的梳理，但我要指出的是，尽管发生了许多事件，导致在德军刺刀的保护下，建立了所谓的法西斯共和国政府，但停战之后，所有中立国——阿根廷、葡萄牙、西班牙、瑞典、瑞士和土耳其——都公开承认，国王的政府是意大利唯一合法的政府。

这里我要特别感谢一下瑞士政府。战争期间，成千上万的意大利难民，在他的领土上寻求庇护，也得到了他慷慨的佑护和帮助，以使这些难民免受纳粹、法西斯分子和恐怖主义的迫害。这使两国之间一直存在的友谊和共同利益又增加新的联系，即我们深挚的感激之情。

我们还得到了匈牙利和罗马尼亚人民的同情和支持，尽管柏林对他们各自的政府施加了巨大的压力。但在两国国土被德军侵占以来，他们始终都承认现政府及其派驻代表的合法地位。我们怀着最深切的悲痛，目睹了德国政变之后发生的事件，这些事件使这些国家暂时脱离了自由国家的行列。

我必须补充说，1943年11月初，政府向同盟国通报了它遵守《大西洋宪章》的决定，并于1944年3月重新加入国际劳工局（Inter-national Labour Office）。尽管法西斯主义已经摧毁了国际大家庭的一切联系和接触，但这两件事非常清楚地展示了，我们再次在伟大的国际大家庭中，占据应有位置的坚定决心。

现在我来探讨一下国内的现状。

在1944年4月27日大臣会议第二次会议上，政府在如下声明中概述了政府重组方案。该声明也随即向新闻界和无线电台公布。政府重组建立在深远的民主渊源和各党派通力合作的基础上，由各反法西斯政党组成。各政党精诚团结，为了国家的共同利益和荣誉，联合起来，其唯一的目的是集结集体的力量，以确保目前所有紧迫和严重的问题得到尽可能最好的解决。

因此，其他问题，尽管其重要性得到了承认，但也只好暂时放在一边。这些问题中，最重要的问题是国家未来的宪法。在国家获得自由和战争取得最终胜利时，我们必须解决这个问题。另外，意大利人民需要按照要求，通过普选选出一个制宪会议。在适当的时候，政府将起草必要的选举法。

不容忽视的事实是，两次世界大战深刻地改变了世界的经济和道德观念，从而影响了一切生活和社会关系。大背景要求我们进行彻底的改革，因此各政党都应根据其政治观点和施政方案，做好充分的准备。然而，在战争条件下，这些宪法、政治、行政和经济方面的改革无法进行，因为到此刻为止，意大利被分成两个部分，大部分领土仍在敌军的占领之下。

当前，我们的首要和最伟大的任务是，继续战斗，直到将意大利从外国敌对势力手中解放出来。意大利法西斯政权的余孽，22年来一直在残酷压迫着这个国家。意大利法西斯政权跟这股敌对势力（德国）勾结在一起，沆瀣一气，最终导致自身的毁灭。正在进行的战争中，我军将士也显示出了自己传奇般的勇气。前政权不仅夺取他们的武器，湮灭这样的勇气，还强迫他们信奉与整个意大利历史背道而驰的主张。在新的民主政府的领导下，我军将士摆脱了挫折感，将以一以贯之的精神，团结起来，充满战斗激情。随着军火供应的不断增加，他们必将对盟军的战争做出更大的贡献。无论他们代表哪个政党，他们都团结一致，决心解放意大利，打败希特勒领导的德国。

当务之急，我们不仅要严厉惩处所有叛徒，还要根除所有法西斯主义的余孽，并使所有意大利人确信无疑，那些在前政权中扮演重要角色的人，再也无法为国内外敌人效力了。只有把所有可能对国家构成危险的人，从公共生活中清除出去，并加以管理，才能满足意大利人民对安全感的渴望。这项事业不应受到复仇精神的鼓舞，因为所有人都希望忘记过去，原谅过往，翻开新的一页，在意大利人之间重新建立信任。我们必须将之看作拯救国家的必要手段，绝不能再误入歧途，绝不能让国家再次陷入恐怖和耻辱的泥潭。这项工作已经开始，政府将确保通过公正和积极的措施，尽快圆满完成这项工作。

过去几个月，由于破坏、普遍贫困、通信中断和交通阻断，人民备尝艰辛。现在我们的主要目标是使人民，特别是那些遭受最严重苦难打击的人，生活条件不像过去几个月那样艰苦。我们必须大力振兴工农业，促进国内食品交换，向投机行为宣战，从国外获得必要的原材料，开始重建公共建筑、桥梁和道路，同时继续战争。为了完成这些任务，为了战胜目前的困难，政府必须依靠专业组织和不同类别的工人的积极支持。

最后是我们的行政管理的工作。改革已经开始，各部必须提高效率。目前许多机构还只是空壳，缺少材料档案的积累，不仅人员数量少，而且存在着许多差距和不平等现象。所有这些问题都将被克服。在切实可行的情况下，尽快重新建立税收体系，加强国家对财政的控制。同时，政府还将设立一个协商理事会，以代替不复存在的议会。它将同解放委员会合作，定期向后者报告其活动情况。这是一项必要的限制性计划，我们将全力以赴地执行计划，争取全国人民全心全意的支持，为意大利王国的再次崛起努力奋斗。

事实上，与上届政府的施政方案相比，这个方案没有太大变化。最明显的不同是，政府将向协商理事会报告过去和未来的活动。由于还没有研究过这个问题，因此没有如何建立这个机构的细节。那些不管部大臣负责起草该理事会的章程和工作职责。法国有与之类似的机构，我收集了有关的文件，并把它们转交给了克罗齐。

17名各部正副大臣，包括内阁副大臣莫雷利博士（Dr. Morelli），都出席了此次召开的大臣会议。由于莫雷利博士是我的私人助理，我很能理解他的智慧和经验。一些大臣说话文雅，但冗长啰唆，还有一些人缺乏必要的纪律观念，不向主席申请，就擅自讲话，打断会议的流程，场面很难控制。但我们还是逐渐建立了秩序，工作推进得更快了。

会议同意任命奥莫代奥[1]教授为消除法西斯主义委员会主席，斯福尔扎伯爵为清洗委员会主席，蒂托·扎尼博尼负责照顾难民。清洗法经过了仔细的审查，而掌玺大臣埃托雷·卡萨蒂的草案，经过一些修改，也获得了通过。

然后，我详细回顾了我军陆军、海军、空军和其他武装力量的状况。帕尔米罗·陶里亚蒂插话说，我们也有必要讨论一下志愿兵的问题。我回答说，我已经向弗兰克·梅森-麦克法兰将军提出了这个问

---

[1]　即阿道夫·奥莫代奥（Adolfo Omodeo, 1889—1946），意大利历史学家和政治家，1943年曾担任教育大臣。——编者注

题，以便弄清楚盟军政府是否同意招募志愿者，并为他们提供武器和弹药。弗兰克·梅森-麦克法兰将军回答说，同盟国不允许招募志愿兵。接着我向大臣们解释了战俘的谈判情况，结果非常不令人满意。最后，新大臣们终于认识到，虽然可供前一届内阁支配的资源非常有限，但我们并没有浪费时间。

新组建的各部得到了广泛的赞同和支持，外国媒体一致赞扬我们的成员构成，并预言其成功。党派斗争的结束，对国家产生了良好的影响。人们都希望，削弱我们的战争努力的分裂已经结束。丘吉尔首相一直非常关注意大利的国内政治，为了表示他的赞赏，他归还了我们的3艘巡洋舰，并且正如我已经提到过的，他还给我们装备了5个中队的飞机。

借此机会，我还同大臣们讨论了我们同同盟国的关系。我们决定成立一个委员会，由我、帕尔米罗·陶里亚蒂、斯福尔扎伯爵和塔尔基亚尼（Tarchiani）组成，共同商定我们未来的政策。我给他们看了我二月写给罗斯福总统的信和他的回信，告诉他们，我又给罗斯福总统写了一封信，提醒他，他曾承诺，一旦民主政府建立起来，就会重新审视我们的政治局势。在我看来，这似乎是邀请柯克、查尔斯爵士和M.科斯提列夫来见我的恰当时机。我们可以讨论意大利的当前情况，请求他们的帮助，以提高我国的地位。最后我说，我将告诉各位大使，如果现政府不能成功地取得同盟国所要求的改善，它将很快失去全国的所有支持，并将被迫辞职。

斯福尔扎伯爵最初提出自己去美国，争取支持，但最终我劝他放弃了这个项目，因为如果他的任务失败，对政府来说将是一个挫折。委员会的所有成员都同意我的看法，斯福尔扎伯爵表示他会尽最大努力，说服美国驻意大使柯克支持我们的请求，帕尔米罗·陶里亚蒂也答应争取说服博戈莫洛夫和M.科斯提列夫。

我邀请美国驻意大使柯克先生来见我，向他解释我们所做的一切，以及如果盟军帮助了我们，我们还能做多少事情。柯克答应向美国政府转达我们的要求。由于我已经写信给罗斯福总统，我没有再向柯克做详细说明。

面对查尔斯爵士、博戈莫洛夫和M.科斯提列夫时，我的态度就更加坦率了。我向他们指出，同盟国行为的所有矛盾之处：不断赞扬我们的合作意愿，却不同意提高我们的战争潜力。接着我向他们介绍了我国的财政状况，说明虽然我们和同盟国都在研究防止通货膨胀的方法，但我们所承受的财政负担和过高的汇率，却立竿见影地直接造成了我们希望避免的后果。我还谈及了我军战俘所受的不公对待。在前线，意大利军队英勇地与盟军并肩作战，而在后方几英里处，意大利俘虏们却在盟军军官的指挥下，从事着繁重的劳动。最后，我谈到了盟军管制委员会的问题，虽然成立委员会的初衷是为了帮助我们的重建，但实际上，却妨碍了意大利政府的一切工作。

英国驻意大使查尔斯爵士、博戈莫洛夫都要求我给他们派一个助手，以了解详尽的情况，我立刻就照做了。后来我听说，查尔斯爵士把这些问题都提交给了英国政府，强烈建议政府采取恰当的措施。

内政方面，教育大臣奥莫代奥教授学识渊博，智力超群，但他缺乏判断力。他颁布了一项法令，取缔了前教育大臣科莫[1]创立的巴里大

---

[1] 即乔瓦尼·科莫（Giovanni Cuomo，1874—1948），意大利政治家、律师和教师，1944年2月至1944年4月担任教育大臣。——编者注

学，以及萨莱诺省设立的教师培训学院。此外，他还颁布了另一项法令，禁止在那不勒斯设立一所兽医学校。

学生们开始示威和罢课，各教育机构的负责人纷纷辞职，情势一片混乱。不可否认，从纪律和教学的正常推进角度来看，教育大臣奥莫代奥教授是正确的。然而，我们也必须记住，国家内忧外患，交流渠道也不畅通，学生们想要继续学业，面临着巨大的困难。由于遭到强烈的反对，教育大臣奥莫代奥教授不得不让步。这自然有损他的声望。

在政府雇员和工资最低的工人中，要求增加酬薪的呼声越来越高。上届政府增加了他们的工资，但事实证明这点儿增加远远不够。雇主们一致认为，有必要提高工资，政府也准备为其雇员提高工资，因为大家都知道，一个需要养家糊口的人，靠目前的工资水平无法生活。

盟军管制委员会举行了多次专家会议，他们坚决反对增加工资，取而代之的是，他们建议增加配给。事实上，他们已经宣布，从1944年7月1日起，面包的配给量从200克提高到了300克。只要我还在政府，这是我们唯一可以得到的让步。同盟国担心，提高工资会导致更严重的通货膨胀。但他们并没有消除货币贬值等其他引起通货膨胀的原因。

这时，我还记得另一件事。里乔蒂·加里巴尔迪（Ricciotti Garibaldi）先生拜访了那不勒斯的盟军当局，说他想见见我，我直接拒绝了。

不久，法西斯党的领导人之一、法西斯自卫队的总领事（Consul General）埃齐奥·加里巴尔迪（Ezio Garibaldi）要求加入我们的战线。他的陈述引起了英国情报部门官员的强烈怀疑。他们把他关进了一个拘留营。弗兰克·梅森-麦克法兰将军来告诉我这件事，我们一致认为，这两个叫加里巴尔迪的人应该被送到一个岛上，严密看守。

第 18 章

——————

解放罗马、摄政王和新政府

毫无疑问，亚历山大将军对自己在意大利的军事行动做了深刻的研究，并认识到了自己失败的原因。因此，他彻底改变了作战计划，把所有可用的兵力全部集中在同一个区域。显然亚得里亚海地区居次要战略地位，他在那里只留下了一支力量薄弱的掩护部队。通过精心协调、急速行军，亚历山大将军成功将两支军队集结在古斯塔夫战线前。他选择主要由摩洛哥军队组成的法军和波兰军队作为进攻的先锋。这两支大军皆是骁勇善战之师。英军和美军各占两翼，英军在卡西诺的西南部，美军则在卡西诺的西北部。如果能以法军和波兰大军的英勇为表率，他们肯定会深受鼓舞。

　　经过艰苦卓绝的抵抗，德军开始撤退，失去了一个又一个坚固的阵地。在我看来，凯塞林元帅犯下了最严重的错误。为了挽回败局，他把所有后备力量全部投入了战斗。这意味着，他根本没有可以支配的兵力来掩护不可避免的撤退。他的垂死挣扎，只是把古斯塔夫防线的迅速崩溃推迟了几天而已。在西线的美军与安齐奥（Anzio）滩头阵地的军队建立了联系，后者随后展开进攻。

　　我迅速向亚历山大将军表示最热烈的祝贺，同时告诉他，意大利解放军团热切希望尽快被派往前线。亚历山大将军对此表示欢迎。他说，他一直对我军前线部队的行动感到非常满意，他已经下令让陆军部队立即投入战斗。陆军部队从山区开始进攻，并取得了圆满成功。盟军部队的推进势如破竹，不久我们就得到消息，说先遣部队已成功进入罗马。

弗兰克·梅森-麦克法兰将军立刻紧急求见我。他让我和他一起去拉韦洛，觐见国王。在路上，他向我解释说，既然盟军现在已经进入罗马，国王必须立即签署法令，将王权和特权移交给摄政王。同时，国王希望进入罗马的要求是不可能得到批准的。现在国王必须签署法令，然后退位，因为美国和英国的媒体都认为，权力移交应在罗马解放的那一天。出于安全方面的考虑，盟军当局不同意国王立即前往罗马。只有敌军撤出罗马一段距离，才算比较安全，但这将需要几天时间。如此一来，就会延迟法令的签署，而延迟又会引起英国和美国公众舆论的敌对情绪，会让他们质疑王室公告的有效性。

我们一到拉韦洛，弗兰克·梅森-麦克法兰将军就向国王解释了这一切，并请他立即签署法令。此前我已经安排人从萨莱诺取来了这份文件。但国王宣布，除非他得到一份由政府首脑签字的信，正式通知他，同盟国拒绝他立即前往罗马，否则他不会签署文件。弗兰克·梅森-麦克法兰将军同意后，我立即写下这封信，并签了字。信中说，尽管国王一再表示，他热切希望尽一切可能进入罗马，但盟军最高司令部无法接受这一请求，因此，在拉韦洛签署法令是不可避免的。国王随后签下了他的名字，任命他的儿子为全国的摄政王，授予他永久的王室特权，我也副署了该文件。

这位国王的统治就这样结束了。他在过往44年的幸运和不幸中，一直引导着意大利的命运。

既然现在摄政王已然走马上任，我急忙咨询了内阁办公室的专家，看看是否应该依照宪法的惯例，安排内阁提出辞呈。我得到的答复是，权力的移交是必须的，内阁应该立即辞职，以给予摄政王行使权力的自由：重新批准内阁留职，或选择新的各部大臣。我当即召集内阁会议，通知大家国王退位的消息，以及我得到的建议——我们有必要辞职。但掌玺大臣阿兰焦·鲁伊斯（Arangio Ruiz）先生是律法专家，他坚持认为情况并非如此。

第二天，我准备去那不勒斯见摄政王，并接受他的指示时，弗兰克·梅森-麦克法兰将军要我在途中顺路去一趟他的办公室，讨论一些紧急而重要的事务。他告诉我，上午他已派人请来了德·尼科拉博士，他也与内阁办公室的专家们看法相同，那就是，按照宪法规定，全体内阁成员都必须辞职。鉴于内阁已经很庞大了，不应该再设立其他部门，增加内阁人数。因此，我去罗马时最好不带内阁，这样我就有可能把留在罗马的政治家们纳入新政府。

我告诉他，我必须回到萨莱诺，召开一次内阁会议，把他说的话告诉内阁成员们。但弗兰克·梅森-麦克法兰将军反对说，没有时间了，今天是星期二，而他必须在星期三公布内阁辞职的消息，并安排星期四与在罗马的政治领导人举行会议，而我需要和6名大臣（各政党各一名代表）在周四上午乘飞机前往罗马。这次会议原本定于星期六举行，但现在不得不提前两天举行。我没有别的办法，只好先去见摄政王，他已经接受了弗兰克·梅森-麦克法兰将军的建议，接受了内阁的辞呈，并邀请我组建一个新政府。新政府将把罗马的政界人士包括在内。那天晚上，我回到萨莱诺已经很晚了，直到第二天早上，我才把发生的事情通知了内阁。

按照事先的安排，星期四早晨我和那6位大臣乘飞机飞往罗马。在格兰德饭店（Grand Hotel），我们见到了六大党派的领袖和博诺米先生。这些领袖分别是：自由党的亚历山德罗·卡萨蒂、民主工党的鲁伊尼[1]、天主教民主党的德·加斯贝利[2]、社会党的南尼[3]、行动党的钱卡[4]及共产党的帕尔米罗·陶里亚蒂。我简要介绍了情况，克罗齐和斯福尔扎伯爵也补充了几句话。然后，我请求几位党派领导人讨论一下他们今后的行动方针，并请他们下午6点在格兰德饭店再见面，告诉我他们的决定。

下午6点，会议开始。鲁伊尼表示，民主工党认为，如果政府要实现真正、完全的民主，必须有一个不是军人的政府首脑，而这个政府首脑应该是博诺米先生。自由党的领袖亚历山德罗·卡萨蒂、天主教民主党的领袖德·加斯贝利和行动党的领袖钱卡也发表了类似的声明，但没有发表任何评论。社会党的领袖南尼说，他也有同样的看法，并补充说，他不赞成我任命6名不管部大臣扩大内阁；为了能够迅速有效地采取行动，新政府的内阁成员不应超过七八个。我并不反对这些意见，因为每个人都有权利表达自己的意见。但事实上，后来成立的财政部，由56名大臣组成，没有任何业务，后来还增设了一个新的财政部，并增加了副大臣的数量。

跟我一起来的大臣们，除了帕尔米罗·陶里亚蒂，没有人能补充什

---

① 即梅乌西奥·鲁伊尼（Meuccio Ruini，1877—1970），意大利法学家和社会主义政治家。——编者注

② 即阿尔契德·加斯贝利（Alcide De Gasperi，1881年4月3日—1954年8月19日），意大利政治家，1945年至1953年担任意大利总理，意大利天主教民主党的创始人。——编者注

③ 即彼得罗·桑德罗·南尼（Pietro Sandro Nenni，1891—1980），意大利左派政治人物、意大利社会党领袖，20世纪20年代至60年代意大利左派的核心人物。——编者注

④ 即阿尔贝托·钱卡（Alberto Cianca，1884—1966），意大利记者和反法西斯政治家。第二次世界大战爆发，钱卡前往美国避难。意大利法西斯政权被推翻后，他返回意大利，成为行动党领袖。——编者注

么。帕尔米罗·陶里亚蒂说，共产党希望与其他党派合作，因此他支持鲁伊尼的动议。他一定会非常后悔没有选择我，因为我们曾经如此和谐地合作。

我站起来，和帕尔米罗·陶里亚蒂握手，说道：

我必须感谢你和其他政党的领导人，你们如此清楚地表达了自己的观点。我已尽我最大的能力为我的国家服务，我愿意辞去我的职位，交给我的朋友、更专业的博诺米先生。我向他和你们所有人保证，我辞职之后不会一走了之，对于任何诸位需要的信息，我将随时提供给你们。此外，容我补充一点，今时今日，诸位能够在罗马的这张桌子前相聚，并不是由于你们采取了任何行动。大战最激烈的时候，诸位都躲了起来或者和修道院的修士们住在一起。做这项工作的人，承担责任最重的人，就是诸位口中的那位军人，正如鲁伊尼所说的，他不属于任何党派。

随后我去见了摄政王，告诉他所发生的一切，并建议他立即派人找来博诺米。第二天，我又回到了萨莱诺。

周一，我被告知弗兰克·梅森-麦克法兰将军下午2点要在政府办公室会见我和博诺米。他告诉我们，在没有盟军批准的情况下，新政府不能宣誓就职。由于美、英、苏三国政府都必须考虑这个问题，所以需要几天，才能得到必要的批准。随后，他把发表这一声明的公报草稿交给博诺米。

博诺米对于盟军方面唐突而意外的介入，感到非常不安。于是我向弗兰克·梅森-麦克法兰将军指出，在新政府尚未正式入职之前，就发表这样一份公报，会剥夺政府所有的权威。我建议，最好还是不要发表任何声明，而是等上几天。万一收到同盟国政府消息的时间有延迟，就可以向新闻界发出一条不含任何实质性内容的消息，尽可能掩盖事态的真实情况。

弗兰克·梅森-麦克法兰将军接受了我的建议，离开了。博诺米询问我在布林迪西和萨莱诺组建两个内阁的情况，以及盟军是否提出过类似的要求。我回答说，从来没有人给我强加过这样的限制，弗兰克·梅森-麦克法兰将军只是记录并汇报了新内阁组成的通知。

大臣们在办公室里进进出出，等待指示时，博诺米把他们叫到自己的房间里，告诉他们盟军政府的决定。很自然，当天晚上，这则消息传遍了萨莱诺和那不勒斯。所以无论如何，发表公报都是多余的。

关于新内阁，产生了一系列的谣言，有一些非常荒谬。其中有一条传言，令我非常焦虑。盟国与我和我的政府合作了9个月，对我们完全信任，我担心如果他们把我成为新内阁的一员作为继续合作的条件，那就糟糕了。为了尽量减少这种不幸情况的影响，我当即去见了博诺米。我发现他和亚历山德罗·卡萨蒂，维斯孔蒂-韦诺斯塔（Visconti-Venosta）在一起。我告诉博诺米，我们有着20多年的友谊，为了使他免于麻烦，如果盟军提出这样的条件，我愿在他的外交部工作，或服务于其他任何可以继续为我的国家服务的部门。但这只是在盟军干预的情况下。幸运的是，盟军的干预并没有以我担心的方式进行。

政府首脑在就职时通常会宣布，他将对同盟国承担与上届政府相同的义务。在我任职期间，同盟国对我签署的相关文件非常满意。而现在，他们不仅要求政府首脑签字，而且要求每一位大臣都签字。这很难被看作盟国对他们充满信心的一个标志。政府意想不到的人事变动，引起了诸多讨论和指责：上届政府和新政府的大臣们都指责我和弗兰克·梅森-麦克法兰将军行动过于仓促；一些人认为，没有请罗马各政党的首脑到萨莱诺来，让他们看到当前的局势，是一个重大错误；另一些人则认为，如果我带着自己的政府去罗马当政，然后再与各政党开始进行改组谈判，那将会更好。

因为所有这些批评和建议都是基于许多个"如果"和"但是"，所以此类争论永没有止境。对我来说，只有一件事非常重要，现在我可以问心无愧地享受我极其向往的生活了。我一辞职，就给盟军政府的三位首脑发了以下电报。

给丘吉尔首相：

我非常感谢，这九个月艰苦卓绝的工作中，你给予我的宝贵的支持。你数次对意大利人民所说的那些慷慨和仁慈的话，我将永远铭记于心，这是我和我的政府努力没有白费的最清楚的证明之一。我相信你将给予我的朋友博诺米先生及其政府一如既往的支持。于我，这种支持曾经是无上的鼓舞和激励。

给罗斯福总统：

我诚挚地感谢你，在极度艰难困苦的时期，给予意大利人民的支持和帮助。我的辞职不会影响我为促进意大利和美国之间的友谊所做的任何一天的努力。你们的友谊将是我公共生活中最快乐的回忆之一。

给斯大林元帅：

在辞职时，我要特别感谢你在悲伤和困难的日子里，向意大利人民和我伸出了友谊的橄榄枝。这些友谊的表示不会被遗忘，这是我们两国人民继续忠诚合作的最好预兆。

在我收到的回信中，最热烈的是丘吉尔首相的回信。他写道：

你在过去9个月中为意大利人民和联合国事业所做的工作，已经引起了普遍的赞誉。我很高兴我能给予的支持对你有所帮助。非常感谢你的留言。

当我结束了这短暂的9个月的工作时，我满心感谢那些自7月25日以来，在充满磨难的日子里与我一起分担焦虑和希望的人，感谢那些以他们的奉献精神、孜孜不倦和认真负责的工作，给予我支持的人。

第 19 章

意大利与同盟国

要对意大利与同盟国的关系作出冷静而公正的判断是极其困难的：对于一个意大利人而言非常艰难，因为他对他不幸的国家的爱，可能会扭曲他总结的客观性；对于一个同盟国的公民，特别是英国人来说很难，他可能被痛苦的感情蒙蔽了双眼。我将尽我所能，使这次评估客观公正。

首先，我将毫不含糊地、坦率地承认我们所犯下的一切严重错误。

意大利于1940年6月10日宣布参战，当时英法两国的局势几乎到了走投无路的地步。墨索里尼要求意大利空军派飞机去轰炸伦敦。从1940年6月10日到1943年9月8日，意大利武装部队在与盟军的战斗中，忠实履行了他们的职责。正如我之前提到过的那样，英美两国代表也多次提醒我，在地中海战役中，他们有20万人丧生。我想强调这一点，因为许多意大利人，通过宣布意大利人民并不希望战争，就认为他们已经为意大利成功开脱了。但实情并非如此，意大利人民确实不想打仗，但他们也确实被迫参与了战争。

一切战争，特别是进攻性战争，都是这样，几乎没有人愿意主动参与战争，只是少数积极而坚决的人迫使一个国家进入战争。但我要重申，意大利与同盟国交战了三年，而在要求停战后，我们成为共同交战国。同盟国不应该忘记这一点，这是很自然的。因此，我承认丘吉尔首相的话非常公正，即意大利必须努力才能成为联合国的一员。我们不仅承认在1943年9月8日以前意大利所犯的错误，我们也必须考虑从那一天起直到占领罗马时为止，意大利人民所做出的贡献。也就是我担任政府首脑的这段时间。

在我与弗兰克·梅森-麦克法兰将军的日常工作和交往中，以及与乔伊斯将军的短暂交往中，我从未许下过承诺而又不忠实履行的时候。在我与各盟国政府首脑的关系中，我忠实地履行了给予我国的任何义务。罗斯福总统，尤其是丘吉尔首相，对我们的赞誉毫不吝惜。因此，我可以自信地声称，在我任职期间，意大利执行了停战协定立下的所有条款。

的确，我们的关系上方飘浮着一块阴云，那就是，当我接受莫斯科交换大使的建议时，迫使美国和英国也派出了大使。在第14章中，我已经解释了整个过程的全部事实，这些事实是：

一、随时通知乔伊斯将军和弗兰克·梅森-麦克法兰将军，帮助他们完全了解谈判的进展情况；

二、在与美国、英国和苏联分别签署了停战协议后，我不应该将苏联和其他两个国家区别对待；

三、如果英国和美国要提出抗议，他们应该向苏联代表提出，而不是向我提出。

在考虑同盟国的行为时，我必须指出英美政府的声明，与由艾森豪威尔将军、威尔逊将军和亚历山大将军先后主持的盟军在地中海最高司令部的命令之间，时常出现明显的矛盾。

我已经说过，在魁北克文件、罗斯福总统和丘吉尔首相的所有信函中，意大利不断地被敦促更积极地参与对德战争。我们尽了一切可能，满足这一要求。国家命运的改善取决于我们对战争的贡献，这与其说是受到同盟国书面声明的鼓舞，不如说是受到我们自己民族的骄傲的鼓舞，即我们不希望同盟国在没有我们帮助的情况下，解放我们自己的国家。

我们不仅可以在前面的章节中找到意大利对第二次世界大战所做出的贡献的证据，还可以在附录中的文件中找到。这些文件不仅显示了我为实现这一目标所做的努力，还显示了盟军指挥部施加的限制，以及在我们前进的道路上设置的障碍。也许盟军还在为对我国的不信任而困扰，但我们已经用无可争辩的证据，证明了我们的诚意。当男人、女人甚至孩子在那不勒斯的街道上用汽油瓶袭击德军坦克时，我们的感情已经清楚无误地表现出来了。

参加意大利协商理事会的第一次会议时，我对维辛斯基说：

> 绝大多数意大利人对德国人完全充满敌意，而对同盟国则是亲善友好。你如果怀疑这一点，那就开车从那不勒斯到阿韦利诺（Avellino）。道路两旁，汽油和弹药堆得如此之高，你好像是在沿着一条走廊开车。警戒哨之间相隔六十英里，可是物资中心从来没有受到过攻击，这足以表明意大利人民对盟军的感情。

在盟军第一次对蒙特伦戈（Montelungo）的进攻中，一支意大利小分队参加了战斗。他们尽管没有到达指定的目标，但作战勇猛。因此，这种不信任本来就不应该存在，或者即使存在也应该消失。但盟军管制委员会不满足于只在军事领域介入，他们在其他领域的干预，使得恢复这个混乱国家的秩序和纪律的努力几乎付之东流。英国内阁成员莫里森（Morrison）先生后来写道：必须小心控制，是鼓励而非扼杀主动性。但这种令人窒息的状态的确一直在延续。我不能不提到这一点，因为它严重阻碍了我国恢复正常的步伐，从而进一步削弱了意大利在解放战争中所能做出的贡献。

同盟国征用私人住宅、公共建筑和工业工厂的行动过于匆忙，丝毫没有考虑住在这些房屋里的人的感受，更重要的是，丝毫没有考虑到他们为战争所做的共同努力。尽管盟军最高司令部下达了命令，但盟军对具有巨大艺术价值的宫殿和历史建筑及其中收藏的无价的物品造成了无法弥补的破坏。那不勒斯和卡塞塔（Caserta）的皇家宫殿，以及那不勒斯美术学院，都是最典型的例子。在匆忙中，政府试图修复，并提议成立意大利联合委员会，以防止此类事件再次发生，但这一建议甚至没有得到盟军方面的考虑。

意大利政府不断要求盟军撤离火车站、邮局、电报和电话局，但我们的要求很少得到批准。一个典型的案例是，盟军一直在独家使用巴勒莫（Palermo）至那不勒斯和巴勒莫至卡利亚里（Cagliari）电报线路，而这两条线路只能使用同一个莫尔斯电路。如果把电报线路交给我们，我们就可以立即改装它们，使它们能携带四个电路，其中两个电路给盟军用，另外两个电路给我们自己使用。邮政和电报设施的缺乏，阻碍了我国经济的顺利恢复。

同样，如果铁路交给意大利政府来管理，为了公众的利益，铁路工人会尽他们的一切力量来恢复和修理铁路上的设施。铁路交通状况，可能早已得到大幅度的改善。但那不勒斯盟军管制委员会的管理复杂缓慢，所有的民用交通几乎都陷入了瘫痪状态。我们一再要求把铁路的控制权交还给铁路局，我们保证满足盟军司令部的所有要求，但一切都是徒劳的。道路交通方面也是如此。由于经常任意征用卡车、汽车和公共汽车，同样的困难也阻碍了公路运输的恢复和发展。我们要求恢复与西西里岛和撒丁岛的交通，并要求盟军允许我们使用自己1500吨以下的小船沿海运输，但没有得到批准。

盟军部队要求征用全部工业基地（工厂、磨坊、水泥厂、砖窑等）单独使用，结果机器被移走，原材料被损坏，生产被迫中止，我们因此蒙受了重大损失。

根据9月29日停战协定的一项条款，意大利有义务向盟国提供他们所要求的所有意大利货币，同时意大利政府还必须偿还盟国政府占领期间的费用。同盟国从这一条款中获得了巨大的利益。这是意大利经济复苏和参与战争的严重阻碍。

最后，我要问一句：哪一个对战胜德军更有帮助呢？是一个无动于衷、消极的意大利，还是一个在盟军的帮助下，在这场斗争中，起决定性作用的意大利？

答案是毋庸置疑的。盟军领导人也深知这一点，因为他们一直在激励意大利人民发挥自己的作用，对共同的敌人进行猛烈的打击，毫不留情。

这是合理且合乎逻辑的答案。

但现实中发生的一切与这个预设毫无关系：盟军非但没有帮助我们，反倒竭力打击士气，挫伤热情，消解我们的努力。

显然，理性并不占主导地位。

要理解这一奇怪的局面，就有必要抛弃纯粹理性的范畴，进入复杂的国际政治的旁门左道。美国和英国都宣布，意大利必须恢复它在自由民主国家中的地位。维辛斯基也以苏联政府的名义，明确宣布意大利必须尽快成为自由和伟大的国家。

然而，这些关于我们未来的一致宣言，难道不是掩盖了三个盟国之间在观点和竞争方面存在的重大分歧吗？

悲观的失败者！

附录

文件一

———

意大利皇家陆军

一、取得的成就

停战后不久，我军在大陆各解放省份和岛屿的状况如下：

9个机动师；

12个海防师；

一些规模较小的机械化部队。

地域性组织和公共服务系统在普利亚高效运行，在卡拉布里亚几近崩溃，在西西里岛和坎帕尼亚不复存在。

上述部队共43万人，其中一半在撒丁岛。这些部队拥有的交通工具有限，没有进行现代战争所需的武器装备。尽管如此，他们还是毫不犹豫地对德国人发起了进攻，并与盟军并肩作战，直到1943年9月20日，盟军军事代表团（Allied Military Mission）发布作战指令，要求在进一步的命令发布前，意大利军队都不可参加在意大利领土上的任何战争。

后来，由于意大利政府一再提出紧急请求，才获准将一个步兵团（infantry regiment）的摩托化分队和几个炮兵连（batteries of artillery）（2500人）派往前线。

1943年12月初，这支队伍在美国第5集团军的侧翼占据前线阵地。1943年12月20日，在给意大利指挥部（Italian Command）的电报中，指挥美国第5集团军的克拉克将军赞扬了意大利军队的勇气和战斗精神：

我要祝贺你指挥下的官兵昨晚成功地袭击了蒙特伦戈和343区。这一行动彰显了意大利士兵把国家从德国人的控制下解救出来的决心。在艰险的地形上作战，决心把国家从纳粹的奴役下解救出来的意大利人，将成为所有反对德国人压迫的欧洲人民的榜样。

尽管收到了嘉奖信息，但意大利政府想要在战斗中发挥更大作用的提议却鲜少得到同意。实际上，盟军管制委员会下令，意大利军队在前线的人数不得超过14 000人。尽管意大利要求增加人数，但盟军当局始终严格执行这一人数限制。

由于盟军需要军事援助，21 000人组成了意大利解放军（Italian Corps of Liberation）——其中14 000人属于第7分遣队，7000名伞兵属于"雨云"师。在为解放罗马的作战中，他们发挥了积极的作用，但还是没有达到意大利人民所期望的程度，也没有达到艾森豪威尔将军在1943年的秋天所承诺的程度。这支军队的武器和装备全部是意大利制造的。

盟军管制委员会还要求意大利政府提供以下人员：

101 000人负责内部安全；

180 000人被同盟国征用并分配给不同的军种；

45 170人负责大后方，守卫领土并提供服务。

命令下达后不久，其中大部分人就被派遣去了任务所在地。

意大利工兵和先锋部队在前线和盟军一起工作。这些部队在最接近前线的区域工作，发挥了重要的作用，例如在安齐奥（Anzio）的滩头阵地战中，并遭受了一定程度的伤亡。如果这些军队都被视为作战人员，并按照盟军指挥部划分自己一线和二线部队的标准来分类的话，那意大利分遣队（Italian contingents）的有效兵力将是意大利解放军人数的两倍以上。此外，还有另外16 000人在防空炮兵连服役。

停战协议发布后，在巴尔干半岛的意大利军队立即对德国人发起了进攻，之后便撤退到山区。几个星期以来，德国人一直在与分散在意大利广袤国土上的9个意大利机动师进行作战。这些机动师之间相互无法取得联系，和意大利政府也失去了联系。此外，很多小分队彼此之间也无法联系。他们被完全隔绝开来，并且没有收到盟军提供的任何援助。之后，意大利政府获准与这些部队重新建立了联系。尽管跟随铁托元帅（Marshal Tito）作战的加里波第师（Garibaldi Division）一直跟我们保持定期联系，但在巴尔干地区作战的那些较小、较分散的部队还是遭遇了很大的困难。

以下对巴尔干战区（Balkan theatre）各个部队活动的描述均来自最可靠的消息来源。但它们也只代表整个故事的一小部分：

（一）皮内罗洛师（Pinerolo Division）和兰切里·达奥斯塔师（Lancieri d'Aosta）的大部分部队，以及卡萨利师（Casali Divisions）和弗利师（Forli Divisions）的部分部队都撤退到了希腊（Greece）的色萨利（Thessaly）山区。他们一直在积极参与对抗德国人的行动，直到1943年10月14日，共产主义组织（Communist organization）不顾英国军事委员会（British Military Mission）的反对，强行扣押了他们的武器装备。但由2000人组成的曼弗雷迪尼所部的山地作战部队则继续留在伊庇鲁斯山区（Epirus Mountains）作战。

（二）在阿尔巴尼亚，佛罗伦萨师（Florentine Division）和不伦纳师（Brenner Division）的残余部队，以及一些规模较小的部队在山区与敌人交战，也是在山区我们的士兵与阿尔巴尼亚的爱国者们（Albanian patriots）会合了。

（三）意大利军队在巴尔干半岛参与的最重要的作战发生在南斯拉夫（Yugoslavia）。1943年12月，在我军单独作战或者和铁托游击队合作行动了几次之后，完全由意大利士兵组成的加里波第师加入了铁托的部队。加里波第师在黑山（Montenegro）作战，并击退了德军的第六次进攻。在与德国人和切特尼克①（Chetniks）支队的多次交战中，以普列波利日（Priepolij）、普列维亚（Plevia）、贾布卡（Jabuka）、卡梅纳（Kamena）、科拉（Cora）、奥达索（Odaso）、布罗德列沃（Broadarevo）、别列纳（Berena）、穆里纳（Murina）和安德烈维查（Andrevica）等地的战役最具代表性。铁托元帅的公报中有几次都专门提到了加里波第师。

（四）除了这个师，一些规模较小的部队，比如马泰奥蒂营（Matteotti battalion）则加入了游击队。铁托在1940年5月接受路透社采访时透露，有80 000多名意大利人在南斯拉夫参战。意大利人在南斯拉夫前线的损失十分惨重。

意大利军队在南斯拉夫表现出的勇气和决心经常受到盟国军事当

---

① 切特尼克的正式名称是南斯拉夫军队切特尼克支队，又称南斯拉夫祖国军、拉夫纳·高拉运动，是第二次世界大战期间活动于南斯拉夫地区的塞尔维亚极右翼民族主义武装。——编者注

局和铁托将军的赞许。1943年9月8日后，盟军通过无线广播发布的公报，几乎每天都在对意大利将士在巴尔干半岛的表现进行官方的报道和称赞。例如：

（一）1944年1月3日，伦敦英国广播公司（B.B.C. from London）报道："南斯拉夫电台报道称，在新巴扎尔地区（Novi Bazar sector）的战斗中，编入南斯拉夫解放军的意大利部队展现出了极大的勇气，尤其是加里波第师第三旅。"

（二）1944年1月9日，莫斯科电台（Moscow Radio）报道："在南斯拉夫的普列夫利亚地区（Plevlya zone），意大利军队在过去几天消灭了数百个德国人，并缴获了大量的战利品。"

（三）1944年3月23日，伦敦的英国广播电台报道："根据来自德国的情报，意大利部队对位于萨拉热窝（Sarajevo）以东70英里的波斯尼亚（Bosnia）德军据点发动了猛烈攻击。战斗仍在继续。"

（四）1944年3月24日，伦敦的英国广播电台报道："今天从南斯拉夫解放军总部（Headquarters of the Army of Liberation）发来的通知称，意大利的一个师及几个规模较小的部队正在协同南斯拉夫军队共同作战。

（五）1944年4月22日，"铁托元帅发来贺电，感谢意大利军队对德作战中表现出的英勇无畏"。

（六）1944年5月8日，伦敦的英国广播电台报道："铁托元帅的军事代表团团长韦勒比特将军（General Wellebit）现在正在伦敦，他称赞意大利的加里波第师纪律严明，是一流的战斗编队。"

二、意大利军队可能取得的成就

停战期间，驻扎在普利亚不同地方的意大利军队加入了盟军的队伍，他们将合力把德国人赶出意大利。开始的时候，盟军司令部（Allied Command）邀请并欢迎意大利军队的援助。但在12月21日，盟军驻意大利政府的军事代表团团长弗兰克·梅森-麦克法兰将军转达了盟军最高指挥部（Allied Supreme Command）的口头指示，即意大利部队在接到进一步的命令前不得参与战斗。意大利政府随即对这一决议提出抗议，并于9月22日发电报给盟军总司令（Allied Commander-in-Chief），表达了意大利军队希望继续同德国人作战的心情，但这封电报没有收到任何答复。

9月29日，在马耳他（Malta），意大利政府首脑（Head of the Government）自发地提出，在反对德国人的战争中，将动用全国的武装部队和全部的资源支持同盟国。他特别提到了"雨云"伞兵师（Nembo Parachute Division）和在撒丁岛的两个步兵师。但正如会议记录中清楚显示的那样，这一提议被亚历山大将军否决了。他说："意大利战役作战计划的所有细节都经过了非常严格和仔细的考虑，因此，不妨考虑让意大利军队参与作战。"艾森豪威尔将军说："我相信亚历山大将军能够解决这件事情，并组织有效的合作。我认为让意大利军队和第一批进入罗马的部队一起进城不存在任何困难。"尽管艾森豪威尔将军表述了他的观点，但意大利在对德战争时的参与还是被限制到了最低程度。这不是我们的错，因为我们曾不断并反复地提出我们的意见。

9月30日，即会议的第二天，一份意大利当局未能在马耳他提交的备忘录被送到了艾森豪威尔将军和他的总参谋长手中。备忘录包括以下关于军事合作的建议：在不久的将来，意大利的7个师和一个约10 000人的机械化部队可以投入战斗，另外还有3个师可以作为后续的兵力继续奔赴战场。这些部队的全部装备和武器都由意大利提供。而盟军只要求意大利为在撒丁岛和科西嘉岛的部队提供前往意大利所需的运输工具，并征用了意大利在西西里岛和卡拉布里亚的军备物资。而对于意大利当局的建议并没有给出任何直接的答复。

1943年10月3日，意大利最高司令部向盟军军事使团的团长（Head of Allied Military Mission）提议用战俘组建一个大型的现役部队。10月11日和10月26日，意大利最高司令部重申了这一提议，后来又提了很多次，但该提议最终也没有被采纳。

1943年10月8日之后的几天，意大利政府首脑会见了亚历山大将军。亚历山大将军声称，他衷心地希望意大利军队可以有效参与到军事行动中来。然而，盟军当局并没有采取任何措施来执行他的这一声明。

1943年10月10日，意大利最高司令部提议为阿尔迪蒂（Arditi）的第1营（the 1st Battalion）提供服务，第1营在蓄意破坏方面受过特殊训练，但盟军拒绝了我们的提议，仅仅要求我们提供运输工具。

10月12日，正式对德宣战的时候，巴多格利奥元帅又给艾森豪威尔将军写了一封信，内容如下：

> 现在意大利已经对德宣战。如果这一宣言不是摆设的话，那么你应该答应我的要求，这样我们才能与你指挥的军队进行充分的合作。你在信中告诉我，停战条件的最终完善结果取决于意大利政府的表现。但没有你的帮助，我们的所

作所为只能仅限于表达善意。

随后，巴多格利奥元帅给出了以下提议：

（一）对多山地区而言，山地部队非常重要，还有4个师的掷弹兵（Grenadiers）也很重要。运输工具则由征用我们全部船舶的盟军提供。

（二）如果把我们在西西里岛和突尼斯的武器装备还给我们，我们就可以为其他师提供武器装备。

（三）将那些愿意为意大利而战的战俘和志愿者组建成一个大部队是有可能的。

两天后，也就是10月14日，巴多格利奥元帅再次写信给艾森豪威尔将军："如果你愿意按照几天前我信中所建议的方式来帮助我，我们军队的人数将会成倍地增加，他们将会为我们共同的事业做出巨大的贡献。"然而，10月17日，泰勒将军（General Taylor）通知意大利政府，说：

目前，除了机械化分遣队（motorized contingent），我们不打算让任何意大利军队参与军事行动。我们计划征用意大利的10个师保护半岛（peninsula）和群岛（Islands）的交通线，还需要部分高射炮连和工兵部队。意大利空军（Italian Air Force）将专门在巴尔干战场（Balkan theatre）作战。

这个回复十分令人沮丧。然而，意大利政府首脑还是向盟军司令部保证，将在规定范围内完全配合他们的要求，也重申了我们愿意提供更多帮助的意愿，并再次强调在撒丁岛有4个装备齐全的师可以参战。

1943年10月22日，意大利最高司令部通过意大利军事代表团向艾森豪威尔将军表明，我们的山地部队作战团是经过专门的山地作战训练的，他们比机械化部队更适合在崎岖的山地地形上作战。

1943年10月26日，意大利最高司令部指示位于阿尔及尔的军事使团向盟军当局移交3个步兵师、1个伞兵师、3个海防师、1个山地作战分遣队、1个掷弹兵分遣队和其他一些规模较小的部队，并表示这些部队可以投入抵御德国人的战役中。但这一提议又一次遭到了拒绝。

10月30日，艾森豪威尔将军授权让意大利训练一个师，以备战前线的战斗。意大利最高司令部立刻组织这次训练，并通知盟军，已经选定莱尼亚诺师（Legnano Division）作为训练对象。对这支队伍的训练基本结束时，这支队伍配备了全部来自意大利的武器装备。经过一系列的口头和书面沟通，盟军军事当局还是在这支部队出战的道路上设置了重重障碍，同时他们还征用了过多的装备，以至于莱尼亚诺师最终无法正常投入战斗。后来亚历山大将军说，意大利的参与必须只限于准备投入战斗的摩托化分遣队和山地部队分遣队。意大利政府再次指出，艾森豪威尔将军之前已经批准了我军更大规模的参与。

10月28日，艾森豪威尔将军回复巴多格利奥元帅于10月12日写的信，内容如下：

> 我非常高兴地欢迎你所指出的那些可行方案。
>
> 现存的各种限制使我们暂时无法接受你的一些建议，否则我们将非常乐意采纳……

在向意大利北部推进的过程中，对山地部队的需求变得越发迫切。意大利山地部队的能力是众所周知的，我们希望在将来有一天我们有所需要的时候可以得到他们的帮助……

占领罗马的时候一定会征用意大利的军队。

1943年11月29日，新任总参谋长梅塞元帅在向盟军军事代表团解释他的计划时指出意大利军队的巨大价值，以及我们作战时所需要的人员和装备。他的提议没有收到任何直接的答复。

1944年1月1日，意大利最高司令部再次强调，"雨云"伞兵师应该配合前几天去前线的部队作战。可直到5月底，"雨云"师才被从撒丁岛调到意大利本土。它被分配到意大利解放军只是作为前线的军队的后备部队，以此不使解放军的战斗部队人数超过14 000人。这是盟军管制委员会在1944年4月6日的要求。

不断被拒之后，意大利政府意识到，虽然盟国政府一再强调他们需要意大利更多地参与到战争中，但同时，盟军管制委员会（Alliend military authorities）却又完全拒绝在军事行动中和意大利武装部队进行有效合作。

意大利按照要求训练参战部队时，没有收到任何武器和物资的援助，并且在多数情况下，意大利的武器还会被盟军军事当局扣押，被送往南斯拉夫和其他国家。但这些武器都是我们为了自己的部队能够有装备才费尽千辛万苦收集到的。盟国征用了我们大量的武器和弹药，包括：

360门81口径迫击炮，以及其他更小口径的迫击炮。

200多万发轻武器所需的弹药。

水下武器所需的许多零件。

文件二

意大利皇家海军

一、意大利皇家海军做了什么

意大利海军在对抗共同敌人的战争中所做的重要贡献，同盟当局经常予以肯定。因此，在附录中详细叙述他们的行动似乎是多余的。回顾一下1944年2月22日丘吉尔先生的讲话，以及地中海地区盟军总司令海军上将康宁汉在1944年5月28日的报告就足够了。因此，我不再赘述，只陈述基本的事实。

在停战协议公布后发生的一系列事件之后，意大利海军的武装力量还包括：

> 5艘战列舰（battleships）；
>
> 9艘巡洋舰（cruisers）；
>
> 11艘驱逐舰（destroyers）；
>
> 37艘潜艇（submarines）；
>
> 40艘鱼雷艇（torpedo-boats）和轻型护卫舰（corvettes）；
>
> 30艘鱼雷快艇（motor torpedo-boats）（摩托式武装鱼雷艇）；
>
> 其他辅助舰船（Auxiliary vessels）。

根据停战协议的规定，这些船中的一些（战列舰和巡洋舰）被转移到了盟军基地或者意大利已经解放地区的一些港口，如塔兰托、布林迪西、拉马达莱娜及其他一些意大利军队用于防御德国进攻的港口。此外，意大利海军还控制着塔兰托重要的海军兵工厂，在意大利南部和撒丁岛拥有高效的船坞（dockyards）及服务。

1943年9月8日至1944年4月30日，意大利海军为同盟国做的事情如下：

（一）356次作战巡航，用船432艘，共航行130 021英里。

（二）542次非作战行动，共航行219 168英里。

（三）108艘船运送了219 168名意大利士兵及其所需物资，共航行114 512英里。

（四）作为13 607名盟军的快速运输工具，36艘军舰、巡洋舰和驱逐舰共航行23 444英里。

（五）为65艘意大利轮船护航，共航行21 009英里。

（六）为同盟国所做的最重要的工作是为308个盟军舰队护航。这些舰队共有4032艘船，总吨位为32 595 000吨。这个任务共使用了862艘护卫舰，共航行214 318英里。

从1943年9月8日至1944年4月30日，意大利海军的船总共出动了1889艘，航行了646 370英里。执行的任务如下：

（一）轰炸亚得里亚海岸。

（二）在亚得里亚海进行巡逻活动，以拦截敌舰，并保证在达尔马提亚登陆的安全性。

（三）从阿尔巴尼亚和希腊运送盟军。

（四）潜艇和其他船舰执行过很多次任务，将意大利人和盟军的培训好的破坏者及特工运送到了很多地方。

（五）潜艇和巡航舰为在爱琴海群岛上的部队运送补给。

（六）由驱逐舰和鱼雷艇进行扫射，以拦截德国人的海军部队，并以此来保护意大利位于爱奥尼亚群岛（Ionian Islands）、撒丁岛和科西嘉岛的阵地。在这个过程中损失了几艘船。

1943年9月8日至1944年4月30日，意大利海军的损失如下：

1艘战列舰，重30 000吨（罗马）；

4艘驱逐舰；

5艘鱼雷艇；

1艘轻巡洋舰；

3艘辅助巡洋舰；

1艘潜艇；

14艘摩托鱼雷艇。

在此期间，伤亡人数如下：

733人死亡；

6369人失踪；

748人受伤；

损失人数达到参加任务总人数的20%。

尽管盟军舰队在地中海的总行动次数尚不清楚，但可以确信地说，意大利海军参与的行动在总行动次数中占比很高。因此，同盟国可以把他们的大量船舰转移到其他战区。

正如丘吉尔先生在1944年5月24日的讲话中指出的那样，意大利海军在地中海以外的行动也尤其重要。以弗里敦（Freetown）为基地的快速巡洋舰（Fast cruisers）在大西洋（Atlantic）成功拦截了德国人的专门抢劫商船的舰队（commerce raiders）。意大利一支潜艇队在百慕大（Bermuda）参加战斗，另一支则和辅助舰船一道在科伦坡（Colombo）执行任务。

1943年9月8日至1944年3月31日，意大利海军造船厂（Italian naval yards）对共计900 000吨的130艘盟军船舰进行了350次维修，耗时120 000个工作日。共有1000多名技术人员参与到了这些维修中。

二、意大利海军本可以做的事情

虽然上面给出的数字已经足够惊人，但如果同盟国允许的话，意大利海军本可以做出更大的贡献。

两艘最新的战列舰被扣押在埃及的一个港口。战列舰上的船员被缩减，炮台也被拆除。这两艘战列舰分别是准备出海的"维托里奥·威尼托"号（Vittorio Veneto）和舰桥在1943年12月9日被德国炸毁的"意大利"号（Italia）。

文件三

——

意大利皇家空军

一、意大利皇家空军做了什么

停战协议发布后的一系列事件之后，意大利皇家空军的组成包括：

115名士兵；

90架轰炸机和运输机；

50架水上飞机；

50架其他各种型号的飞机。

共305架飞机。

在普利亚和撒丁岛，地面工作部门仍然有效运行，但在别的省已经不复存在了。制造和维修飞机所必需的大部分工厂在德国人控制下的意大利的中部和北部。

尽管意大利空军在1943年9月8日至1944年4月15日资源匮乏，但仍执行了下列任务：

飞行时长 12 500小时；

出动次数 9444次；

投弹 40 000枚；

发射的炮弹 100 000枚；

空投补给 150 000千克；

海上救援和伤员运输 119次；

携带的邮件和物资 900 000千克；

飞行里程 350 000英里。

在执行上述任务的过程中，意大利空军在盟军管制委员会的各种严格控制和限制下，还进行了下列行动：

（一）在巴尔干半岛（东部地区）投弹、炮轰和机关枪扫射，以及飞机侦察；

（二）在爱奥尼亚海和亚得里亚海进行反潜巡逻，搜寻飞机和船舰残骸；

（三）向在黑山地区作战的意大利军队和游击队运送人员和补给，以及保持意大利本土、群岛和北非（North Africa）之间的定期通信联系。

1943年9月8日至1944年4月15日，参加上述行动的人中有80人死亡，46人失踪。

盟军管制委员会的空军小组委员会主席（Head of the Air Sub-commission）福斯特中将（Air Vice-Marshal Foster）在他离开意大利那年3月的贺电中，热烈赞扬了意大利空军的工作。1944年4月24日的《泰晤士报》（The Times）发表了一篇文章，描述了意大利空军在面对困难时所取得的成就。1944年5月24日，丘吉尔先生在下议院发表演讲时说："忠诚的意大利空军作战成果显著，因此我正做出特别安排，以便向其提供英国制造的改良版飞机。"

应该强调的一点是，在这些行动中，意大利空军仅仅使用了意大利的军备。

二、意大利皇家空军可能取得的成就

意大利空军的活动受到盟国空军当局（Allied air authorities）的限制，同时，也被盟军管制委员会严格限制。盟军管制委员会规定意大利空军只准在巴尔干地区活动。意大利空军的所有计划都要第一时间上报给盟军管制委员会的航空小组委员会的负责人。这样一来，意大利空军其实不仅仅是被限制了行动自由，而是由盟军管制委员会直接领导。意大利最高司令部和空军司令部被剥夺了一切行动自由。此外，盟军管制委员会禁止在进攻行动中使用意大利轰炸机，并且在几个月的时间里都禁止在机场与机场之间，甚至在机场和空中的飞机之间使用无线通信。

意大利空军驾驶的飞机是过时的机种，并且由于缺乏维修和备用零件，使用效率十分低下。1943年9月8日以后，由于意大利南部缺乏工厂，同盟国也未能提供任何材料，所以只能通过耐心巧妙地利用现有的材料，以及从西西里岛、撒丁岛和北非的旧飞机中回收零件来延续这些飞机的使用寿命。

意大利空军有大量专业的飞行员和机械师，他们本可以在盟军的军队服役，并为他们的飞机和设备提供服务。当时意大利的可用人员（飞行员、技术专员、机械师和地勤）本可以为1100架飞机（10%的战斗机、30%的轰炸机、10%的水上飞机）提供机组人员。如果盟军手中的500名飞行员战俘被释放，又将增加500名可用人员，这样一来，共能为1500架飞机提供服务。

文件四

政府和爱国者

这里需要指出的是，全体意大利人民都反对这场战争，也从不隐瞒自己的感情。德国人受到的冷淡对待中，隐藏着意大利人没有公开表达的仇恨。在意大利的德军表现得很有节制，他们不和当地人建立联系，也不给他们添任何麻烦。

气氛发生变化的第一个迹象发生在7月25日以后，大批德国军队涌入意大利。这些人傲慢无礼，尽管他们的行为没有什么不妥。但9月8日之后，他们表现得就像是在一个被征服了的国家一样，这种态度是引发抵抗运动的原因之一。抵抗运动的形式多种多样，直到这些抵抗团体被组织起来，并和同盟国的行动相互配合。

政府收到的第一份资料称抵抗运动的影响范围很广。随后有消息称，参与抵抗运动的人数有所下降。造成这一结果的原因是：一方面，在抵抗运动开始几天后，纳粹党 (Nazis) 和法西斯 (Fascists) 统治下的地区相对平静；另一方面，是因为参与抵抗运动的人对盟军缓慢的前进速度感到失望。

政府立即认识到了抵抗运动存在的潜在价值，因此绝不能让各个抵抗组织因缺乏支持而解散，也不能让其因缺乏领导协调而陷于混乱。当务之急是，要在已经开始活动的各个组织之间建立联系，在他们和我们的最高指挥部之间建立联系，在他们和同盟国之间建立联系。这一任务被委派给了几乎全部有武装人员组成的特派团。他们以不同的方式到达敌占区：越过敌人的防线；通过水面舰艇（surface ships）和潜艇在亚得里亚海和第勒尼安（Tyrrhenian）海岸登陆；或者通过飞机空投的方式到达任务所在地。

1943年10月至1944年5月，我方政府共向敌占区派遣了26个特派团，其中22个特派团配备了无线电设备，4个专门进行特别破坏行动。在此期间，可以通过无线电联络的特派团共收发了1232封电报，能够与大约54个有组织的团体保持联系。同时还能获取有关敌人的准确信息，并明确那些爱国组织最迫切的需求。为了运送物资，特派团必须提前在各地区安排好可以投放物资的地点。到5月底，这些被称为"接待营"（reception camps）的营地已经达到了129个。

1月的时候，第一批运送物资抵达目的地。通常一架飞机可以投放1吨半放置于特殊集装箱的物资。这些物资包括司登冲锋枪（Sten guns）、进行破坏活动和纵火所需的材料、手榴弹（hand grenades）、粮食、衣服、药品和生活用品。5月，共飞行了99次，投放了174吨物资。4月的时候，投放了第一批机枪（machine-guns）。

爱国者们对政府的努力支持给予了热烈的回应。尽管冬季主要是进行招募和组织的时期，但他们还是进行了很多破坏行动。这些破坏行动基本上是由个人独自完成的，这些人展示了无比的决心，让敌人始终处于被挨打的警觉状态。3月到4月，德军最高指挥部在占领区组织了大规模的扫荡清除行动，动用了大批的军队，所以这些爱国组织不得不暂时撤出前线。

根据意大利最高司令部掌握的资料，可以对爱国者们的活动进行以下准确但不完整的描述：

101次攻击德国人和法西斯分子，或者攻击他们占领的工业设施，这些行动导致了武装冲突；

在扫荡行动中，敌人对爱国者发起了75次进攻；

针对纳粹主义者和法西斯主义者个人展开了142次袭击。

155次对铁路、公路、电报线路、工业设施、垃圾场（dumps）和供应站（supply columns）进行破坏。

春季攻势开始时，盟军发现到处都有爱国者们的组织，并且还有一部分正在组建中。因此，可以把他们分配到意大利中部地区，并让他们配合英美军队（British and American troops）的行动。

这只是对爱国者们所做事情的一个简单总结。只有对每个组织的报告进行审查和核对才能写出真实的故事。这些报告将证明意大利人民对自己国家的热爱，以及他们要将肮脏的纳粹—法西斯主义者清除出自己国家的决心。

文件五

———

战 俘

我随即意识到战俘的问题是极其重要的，因为他们人数众多，分散在世界各地。长期的监禁给他们的家人造成了极大的焦虑，也导致他们精神萎靡。

一开始，我试图自己处理这个难题，但很快就发现了它的复杂性，我需要进行很多的研究。但我从早到晚都忙于需要政府首脑处理的各种紧迫任务，无法分心研究这些问题。因此，我决定请弗兰克·梅森-麦克法兰将军设法让美国遣返关押在美国的战俘加泽拉将军。我一直十分欣赏加泽拉将军。他既有智慧，又有很强的责任感及非凡的工作能力。经大臣会议批准，我正式任命他为主管战俘事务的高级专员（High Commissioner for Prisoners），并在枢密令中规定了他的任务内容。要解释我们为战俘所做的一切，最好的办法就是将加泽拉将军为我的继任者博诺米先生准备的概要展示出来。

意大利的战俘数量极其庞大，罗马方面汇编了相关数据，但这些数据我们无法拿到。目前，我们只有下列数据。收集这些数据的过程十分艰难，并且也只是近似值：

大不列颠战俘共360 000人，分布如下：英格兰和苏格兰，75 000万；印度和锡兰，60 000人；近东，60 000人；东非，60 000人；北非，45 000人；南非，45 000人；澳大利亚，10 000人；西非，5000人。

美国战俘90 000人，分布如下：美国，50 000人；北非，40 000人；俄国，70 000人。

法国战俘40 000人，均在北非。

德国战俘450 000人。

关于监禁年限，大致可分为以下几类：

监禁三年以上　80 000人。

监禁两年至三年　140 000人。

监禁大约两年　110 000人。

监禁大约一年　230 000人。

监禁大约九个月　450 000人或1 010 000人。

除此之外，大约还有20 000人被监禁在瑞士，在匈牙利、罗马尼亚和土耳其也有数百人。

至于停战前被捕战俘的庞大数量，也许可以用这场战争的性质来解释。在这场战争中，装甲部队和空军能够将数量庞大的士兵分割开来，无法形成编队，从而俘虏他们，而由于我方在武器和后勤支援系统方面的巨大劣势，使士兵被俘变得更加容易。这一点在埃塞俄比亚表现得尤其突出。在那里，所有人，不管是否为现役军人，只要没有被杀害，一律被抓了起来，被当作战俘对待。

除了极少数的几个怯懦的个案，为了意大利的荣誉，这些个案必须加以处理。大多数战俘坚持不妥协，坚持到了人类能够忍受的极限。尽管缺乏武器、装备和军粮，意大利士兵仍然毫无怨言地战斗。也许很少有士兵会在如此恶劣的条件下作战。军官们则全力战斗，以身作则，以弥补装备上的缺陷。

关于战俘营的条件，英国人对待战俘（除了在不同地区存在某些差别）总体上来说还是不错的，符合《日内瓦公约》（*Geneva Convention*）的规定。

美国人对待战俘的标准可以说是不错或者非常不错的，符合《日内瓦公约》的要求，当然除了工资和津贴问题。

而在俄罗斯的战俘数量及战俘所受待遇，我们无从得知。2月的时候，我们向M.维辛斯基提出了紧急交涉，要求了解在俄意大利的战俘人数、姓名及状况。5月16日，我们提出了同样的请求。但到目前为止，没有收到任何答复。陶里亚蒂先生汇报说，在他去过的营地里，被俘的人中有3名意大利将军，官兵都受到了很好的待遇。他还说，大多数战俘的死因是疾病。

就在不久前，在北非的法国人手中的战俘受到了极其恶劣的对待。他们忍饥挨饿，衣不蔽体，甚至被虐待。在阿尔及尔和北非发生的抗议活动似乎对改善这一情况起到了一些作用。需要提及的一点是，既然是盟军最高司令部下属的部队俘虏了这些战俘，那么盟军最高司令部应对这些严重侵犯人权的行为负责。我国政府已采取措施，设法将北非的所有战俘移交到英国人或美国人的手中，并且好像已经完成了2000名战俘的移交。政府正在尽其所能从美国给这些不幸的人送去食物和衣服。（由于这些物资属于稀缺商品，盟军管制委员会禁止从意大利运走这些物资，只允许邮寄一些供个人使用的书籍和一些小物品。）

我们在德国的战俘过去和现在都在忍受饥饿和寒冷。与那些来自公司或私企的其他行业人士相比，军官的处境更加糟糕。战俘被施加了很大的压力，以此迫使他们屈服于所谓的法西斯共和国（Fascist Republic）。德国似乎只承认那些在与盟国作战时被俘的人是"战俘"（因此受《日内瓦公约》的保护）；那些停战时期被捕的人则被视为"军事拘留者"（military internees）（因此不受《日内瓦公约》的保护）。最近，意大利政府要求梵蒂冈和国际红十字会（International Red Gross）提供援助，从美国为我们的战俘提供食物和衣服。

从精力的角度来看，如果一个人不是天生就精力充沛，那么监禁会让其变得十分消沉。战俘中的大多数人在监禁期间变得易怒和多疑。来自家乡和意大利的消息既匮乏又不规律，这让他们感到悲观和沮丧，而且很容易被鼓吹的宣传和流言蜚语所影响。此外，由于1929年7月27日《日内瓦公约》（管理囚犯生活的"章程"）暗示军官可以和其他级别的人员分开，导致纪律的纽带被削弱，致使监禁地内部和外部的鼓吹宣传更加有效。但这时意大利士兵优秀的品格中——自制力和智慧——帮助他们保持了基本的判断力。

然而，停战确实在战俘营引起了许多骚乱，因为在那里没有任何领导给他们阐明当下的局势。此外，盟军当局在试图追捕"法西斯分子"方面不恰当和不充分的工作，即使没有将政治差异引入集中营，也加剧了政治差异。然而，被监禁在英国和美国的绝大多数战俘一如既往地准备效忠合法的意大利政府，在不同的战俘营自发地表达对自己国家的忠诚。

《日内瓦公约》规定（第2条）战俘应受到尊重；（第31条）他们不得从事任何直接和战争相关的工作，尤其是制造和运输各类武器或弹药，也不能为战斗单位运送补给。

停战后，同盟国决定把我们的人留作战俘。但因为我们同属战时同盟国（co-belligerency），所以同盟国询问是否可以将意大利战俘派往后方工作，意大利政府首脑一定会原则上同意这一点，只等盟军和意大利最高司令部之间的详细协定，因为意大利一直希望尽最大的努力在军事力量上支持同盟国。以这项总协定作为基础，英国军事当局宣称他们是在与意大利政府达成完全一致的情况下开展工作的，并试图引诱集中营中的战俘以书面的形式声明，他们愿意从事任何工作，即使这项工作被《日内瓦公约》所禁止。虽然意大利战俘的待遇因此有所提高，但他们仍然是囚犯。并且盟国还组建了一支由若干意大利军官和士兵组成的部队，但由英国军官控制和管理，这种做法不仅违反了《日内瓦公约》，也违反了意大利军法。

美国军事当局在摩洛哥（Morocco）和阿尔及尔对战俘采取了和英国同样的举措，但他们在美国却没能这样做，因为战俘营中的一位高级将领指出了这一举措不合规范。基于这位高级将领的陈述，美国军事当局与他讨论了组建一支完全由意大利士兵组成的部队的相关问题，认为这会符合我们作为意大利人和意大利士兵的尊严。这些部队将作为美国的先锋部队，或者作为作战人员接受训练和武装。这一计划包含在一个准备提交给英国和意大利政府核准的协定中。

1944年1月，这项提议交到了意大利政府的手中。如果该提议被接受，我们在别国的战俘将变成受联合国（United Nations）指挥的在世界各地工作的劳工，从事被认为对共同利益有益的工作。政府首脑自然义愤填膺地拒绝了这一提议。他提出，应组建英—美—意委员会（Anglo-American-Italian Commission）来共同斟酌这个问题。出于这一考虑，3月初任命了一名主管战俘事务的高级官员，他的职责被记录于1944年4月6日的政府文件第107页中。

3月下旬，盟军管制委员会发布了一项新的法令，宣布我们可以公开讨论谈判细节，但不能触及问题的本质实质。为了确保我们受到平等的对待，我方战俘事务的高级官员先后和弗兰克·梅森-麦克法兰将军及政府首脑进行了一些会谈。我们在谈判中提出了一个相反的提议，即我们同意用我们武装部队中的战俘来对付我们共同的敌人，但至少要维护意大利最低限度的军事力量和我们的民族尊严。由于双方对协议内容未达成一致，谈判暂停。弗兰克·梅森-麦克法兰将军将这一问题汇报给了英国和美国政府。提案和反对提案的内容大致可总结如下：

（一）美国政府和英国政府要求，尽管他们与意大利是战时同盟国，但意大利士兵有义务按照《日内瓦公约》的规定放弃他们的权利，仍然保留战俘身份。而意大利政府则要求废除意大利士兵的战俘身份。

（二）美国政府和英国政府要求战俘组成的部队由美国和英国的军官指挥。意大利政府当然觉得就算这些部队与盟军合作，他们也应该由意大利军官指挥。此外，意大利政府决定将所有战俘编成不少于一个营的编队；盟军的这两国政府的答复十分含混，他们希望保留这些战俘的行动自由，一方面将我们的战俘区别于其他战俘；另一方面打乱我方的编队，破坏我方被俘士兵的士气和纪律。

（三）盟军管制委员会要求和法国解放委员会（French Committee of Liberation）单独达成一项类似的协议。意大利政府同意这一要求，想借此在一定程度上避免某些麻烦。

（四）盟军管制委员会没有提及如何解决我国在俄罗斯的

战俘，意大利政府保留了与俄罗斯代表单独处理这个问题的权利。直到现在，这一问题也没有解决。

谈判进行到这里时，意大利政府从《星条旗报》（Stars and Stripes）的通讯及同一天英国广播公司的公告中得知了一个令人震惊的消息，意大利的军队正被组织成由盟军军官指挥的特别先锋部队，但他们仍然保留着战俘的身份。

5月1日，我方会议主席（President of the Council）发出了一封措辞强烈的抗议信，要求盟国立即提供相关的正式资料，概述谈判过程，并在此抗议声明中列出了违反《日内瓦公约》的行为清单，坚称意大利政府有责任"保护其国民，保护他们作为战俘的地位，甚至保护他们作为士兵的荣誉"。

5月18日，弗兰克·梅森-麦克法兰将军声明，他已经将这封信转交给了位于阿尔及尔的盟军最高司令部，并要求立即答复。到目前为止还没有收到任何回复。

同时，出现了以下事实：

本月12日，我们得知在西西里岛的两个战俘集中营关押着大约9000名战俘；一些军官和士兵在假释期间获得自由。这是不可接受的，因为这使我们的士兵不履行自己的责任，从而违反了军事刑法的第217条和第218条。以下这些单位或个人从北非转移到了意大利，但仍然和其他人一样保持着战俘的身份。

一个工人组成的连队（第637意大利先锋连）到了巴里，他们以各种各样的形式被雇用去支持作战部队。

12月，150名军官被派往西西里岛组织先锋连。

5月初，170名军官在那不勒斯登陆，他们被送到了阿韦尔萨（Aversa）的集中营。待了几天之后，他们又被派往西西里岛组建其他的先锋连。

兽医军官（Veterinary officers）以战俘的身份在盟军的军事单位工作。

在西西里岛，美国的警察部队、先锋部队、运输部队及其他的服务单位都是由战俘组成的。他们继续保留了战俘的身份。

不知出身、不知军衔、不知军种的意大利战俘，在大陆各个不同的盟军指挥部里被雇用为服务人员、厨师为其他国家的国民服务，同时仍保留着战俘的身份。

意大利政府已经向盟军管制委员会提出了抗议，反对这些不管是在法律上还是道德上都站不住脚的行为。到目前为止，抗议结果如下：

由于战俘的健康出现紧急状况或出于同情，盟军军事当局和高级专员逐渐释放了在西西里岛的战俘。

关押在大陆的战俘也因健康出现紧急状况或出于同情而被释放。

但我认为，采取最有力的措施争取释放所有意大利战俘很有必要且十分迫切。盟国不顾我们是战时同盟国的关系，将这些战俘不道德且非法地关押在本国的领土上。我以书面的形式再次向盟军管制委员会提出请求，释放被关押的战俘。

根据国际医疗委员会（International Medical Commissions）的建议，伤员、重病和残疾的战俘正在以一次遣返几个的方式被遣返回国。政府以紧急的军事原因点名要求释放的少数几个身体状况良好的战俘也被释放了。以这种方式遣返了若干军官和其他级别的人员。随后，盟军管制委员会宣布，在此基础上，他们只会再释放150人，25人为一个批次，下一批次的25人会在上一批次到达之后再释放。但到目前为止，他们虽然已经发出了三份释放名单，但实际只有5名战俘被释放。

最近，我们提交了一份报告，要求将年龄最大的和监禁时间最长的战俘释放。但到目前为止，他们只承诺释放那些家庭出现紧急状况的战俘。

现在，我提议要求释放所有对民政管理（civil administration）工作不可或缺的战俘。我已就此事同会议主席进行接洽，以期为今后的行动草拟一份报告。

这些被遣返的战俘在意大利政府和盟国之间引起了许多复杂的法律和财政问题。《日内瓦公约》规定（第24条），在战俘被遣返之前，他必须从监禁国那里收到他应得的那份报酬。到目前为止，同盟国将战俘遣返回来的时候会给他们一张汇票，告诉他们意大利政府将会发放相关款项。这很明显是严重违反了《日内瓦公约》的行为。这给意大利财政带来了很大的压力，也使得战俘经受了许多磨难。

我正在采取措施以期圆满地解决此事。

文件六

——

内部重建

9月10日以后，国王、政府首脑、海军大臣、空军大臣都聚集在了解放的领土上，随后，工业部、商业部、劳工部的大臣也来到了解放区，因此我们共同组建了一个临时但实际存在的政府，其人数之多，足以证明意大利这个国家仍旧继续存在，不超出了德国魔爪的掌控范围。但这个政府一方面要面对多疑的同盟国，另一方面要面对士气低落、愤愤不平的民众。仅仅宣告存在是不足以激发信心的，必须同时采取措施，表明这几位大臣能够并有决心处理好摆在他们眼前的问题。强有力的行动是很有必要的，这不仅是为了国家的利益，也是为了避免堕落为"傀儡政府"。

"行动"是我们这些意大利领导人在那个偏远的角落里发出的"每日命令"，那里是意大利仅存的领土。仅仅凭借着对国家未来的坚定信念，他们开始了重建工作，而这也许需要一代人的努力才能完成。

但国家的意志是通过许多复杂的有机体（organisms）来创造和表达的，而"布林迪西人"自存在以来就不曾拥有过这些有机体。因此，这就是第一个目标——和一群没有受过训练的人一起，在几乎无法克服的困难的阻碍下，建立起一个政府。这是一个十分艰巨的任务，同时也是我们必须完成的任务。为数不多的公职人员被迫把自己有限的精力集中到最紧急的任务上。但由于没有中央政府机关的领导，他们的行动得不到有效的指导和控制。甚至在战前，当地的金融和商业公司就已经被前政权逼迫到了快破产的境地，无法满足紧急状态下对其资源的需求。法西斯主义垮台后仅仅45天，它们中的大多数公司就到了破产清算的边缘。许多银行、半国有组织和大型工业、企业的总部和董事会在敌占区。由于公司董事长无法参与管理，本地负责人无权采取任何法律上的措施来拯救公司。那些即使没有被德国人摧毁的铁路也陷入了瘫痪，其他的交通工具也停摆了，政府官员失踪，私企只能为员工提供最基本的生活保障。这就是政府面临的几乎无法解决的困境。

我召集了为数不多有经验的公职人员，成立了一个"民政事务处"（Office of Civil Affairs）。在因诺琴蒂先生充满活力和干劲的领导下，民政事务处于9月14日开始了它的工作。除武装部队事务外，该部门负责处理政府职权管理范围内的一切问题。正是由于该部门职员的自我牺牲和奉献精神，才使这个事务处能够履行各种复杂的职责。这在很大程度上要感谢布林迪西法院院长（President of the Brindisi Law Courts）斯皮内利先生（Signor Spinelli），他把这项工作组织得如此之好，甚至把设立的不同部门进行了细分；第一个部门就是我之前解释过的，外交和金融（Foreign Affairs and Finance）部门。

这不仅鼓励着他们忍受各种不便利，而且使政府也满足于临时性的特征，并把自己的活动限制在了满足当前的需求上。然而，意大利民众逐渐觉得自己把意大利迅速解放的乐观情绪夸大了，民政事务处也意识到，必须以长远的眼光看待自己的职责，并开始合理重组解放区的行政部门和财政部门。我们需要解决的是整个国家的重建问题，同时也要面对和解决其统治下一小部分省份的地方问题，如巴里、布林迪西、莱切（Lecce）、塔兰托（Taranto）、卡利亚里（Cagliari）、努奥罗（Nuoro）和萨萨里（Sassari）等。

在与这些地方当局取得联系并等待必要的调整工作的过程中，我想最好授予地方行政长官（Prefects）法律允许范围内最广泛的权力，以确保他们能够有序地开展工作，并通过公共服务系统的正常运行来激发民众的信心。为了达到这一目的，地方行政长官有权命令没有到岗的公职人员去上班。有些银行冻结了所有用户的账户，地方行政长官有权命令这些银行恢复用户的账户权限。在一些必要情况下，也可以进行支付，例如人们向在敌占区或被转移到德国的公职人员的家属转款，或给因战争而成为孤儿的孩子捐款。我们为接收越来越多从作战区抵达的难民做好了相应安排，并已采取措施准备重新开放学校。

为了使同盟国相信政府的诚意，我下令必须维护好后方的公共秩序，并逮捕危险的法西斯分子。我禁止组建由志愿者组成的不靠谱的武装组织，而那些特别想打仗的人，可以允许他们加入正规军。政府以各种可行的方式强调其民主性，其中包括宣布要废除所谓的"种族立法"，同时恢复犹太人作为公民的一切权利，将法西斯分子从公职中清除出去，并进行"清洗"确保没有漏网之鱼。

如果说我通过信函往来，以这种快速手段与地方当局取得联系，沟通这些计划的细节，但以信函的方式，显然不足以建构这个国家提供日益迫切需要的法律框架。由于政府的工作存在缺陷，导致无法发布法令。唯一可行的办法就是通过我的权力，根据战争法（Laws of War）授予武装部队最高指挥官发布命令的权力。[1]

发布命令权力最初由国王作为最高统帅直接行使，但后来被授予总

---

[1] 详见1938年7月8日第1415号令中研究数据备案文件的第16和第17个附件，指战争和中立的法律。——原注

参谋长，以确保这种立法行动不会给人一种专制的错觉，并且根据宪法规定，国王将被免除一切责任。货币的流通受一项法令的规范，[①] 以应对银行挤兑后暂时的货币短缺。在普利亚召开的意大利银行董事会议决定，9月13日之后，将1.62亿里拉送往巴里，作为特殊费用的支出。幸运的是，这些钱在停战的前一周被从罗马运送过来。发行银行（Bank of Issue）在普利亚各分行的货币总额约有5亿（half a milliard）里拉，这并不能满足日常的取款所需和财政部（Treasury）截至11月底的需求。专家们提出了一些权宜之计，但也表达了他们对当前局势的焦虑。因此，有必要发出一些指示，要求将意大利银行及其他有资本支持的银行发行的、经官方盖章的汇票作为法定货币。

在知道了银行有偿付能力，未来的所有需求都会得到满足的情况后，盟国对意大利的信心渐渐增加，这也防止了货币的囤积。由于普通货币的重新发行，以及盟军占领期间的使用和流通，这些特殊条例只实行了一段时间。加盖过印章的汇票很快就被禁止发行了，而那些已经进入流通的汇票也被召回。

流通货币短缺的危机过去后，随着令人头疼的物价上涨，相反的现象开始出现了。这是由部队和盟军指挥部的大量花费及糟糕烦琐的汇兑程序引起的。政府无法控制流通中货币过剩问题——谁知道这将持续多长时间，以多大的数目，继续损害我们国家本就萧条的经济？政府所能做的就只是设法引导这些过剩的资本通过银行流向发行银行。为达到此目的，政府鼓励设立附属储蓄银行，并向存款人提供了特别有利的存储条件。因此，通货膨胀被控制在了一定的范围之内，并且比起从有问题

---

① 1943年9月21日，第38号令。——原注

的贷款中获得的资源，这样做给国家提供了更可靠的资源。

与货币问题直接相关的是食品问题。显而易见，货币问题导致了"黑市"的产生。由于食品的短缺和通信的瘫痪，大量采购组织应运而生，每个组织都能够采取独立行动；陆军、海军、空军之间相互竞争，而面临最大困难的各地方行政长官，则通过求助省粮食厅（Provincial Food Offices）来寻求解决的办法。我每天都会收到大量悲观的报告和绝望的求助。

只有设立一个单一的银行机构，来提供紧急情况下所需的资金，以便能够迅速采取行动，才能保证公平分配现有物资，所以任命了一个隶属于军需总署（Department of the Quartermaster-General）的粮食专员[①]（Commissioner-General for Food）。他的职责是利用他可以支配的军用卡车来满足平民和武装部队的需求。由于运输工具的短缺，颁布了一系列将商船纳入运输工具的法令：所有承重300吨以上的商船都被征用；[②]港务长（harbour masters）被授权向商船船长放贷；[③]政府为装有辅助发动机的帆船及其货物投保战争险；[④]规定了未登记在辅助海军名册上的被征用商船船员的工资标准；[⑤]战争险的赔偿额度增加了250%。[⑥]

颁布了一系列处理紧急事务和繁杂事务的法令——其中有些是经济事务，如要在银行汇票及公共部门所需的汇票上盖章；有些是与法律相关

---

① 1943年10月1日，第284号令。——原注

② 1943年10月7日，第2号令。——原注

③ 1943年10月8日，第3号令。——原注

④ 1943年11月4日，第10号令。——原注

⑤ 1943年11月6日，第12号令。——原注

⑥ 1943年11月10日，第58号令。——原注

的事务，如延期偿付私人和公共债务，暂停诉讼时效，延期审判等。

这些工作都是和同盟国当局共同推进的，民政事务处一直和同盟国当局保持着友好的关系。

随着时间的推移，将罗马早日解放的希望逐渐破灭，而政府控制下的领土范围却在逐渐扩大，所以必须建立更多的机构来对各省进行有效的管理，从而提高内阁的威望。没有恰当的立法就无法有效地治理国家，特别是在预算方面，以及一些新增的紧急事项方面，比如任命、晋升等。

在这种情况下，政府决定颁布一项法令，授予内阁立法权，但立法的范围将受到严格的限制，因为这有违宪法。在战时，将中央政府的权力下放到地方行政机关的决定也遭到了反对。这一举措不合时宜，不仅是因为权力分散下去存在困难，而且因为这一举措并不能从整体上解决问题。

鉴于意大利政府管辖下的领土逐渐恢复到了正常状态，政府通过法令行使职权的合法性逐渐遭到了质疑，这也证明了建立内阁去履行相应的职权的必要性。我劝说不同政党的代表担负起政府应承担的责任，但是失败了，最后就只任命了一些专家。我对此已经进行了说明。为了保持"宗徒传承"（apostolic succession），我提议将新的政府成员任命为副大臣，这样那些滞留在罗马的大臣就仍能被视为在职人员。

无论如何，消除一切还在阻碍政府开展工作的障碍是必须的，无论这些障碍是实质上的，还是形式上的。因此，我颁布了一系列的法令，赋予副大臣参加大臣会议（Council of Ministers）的权利；[1]政府首脑可

---

① 1943年9月10日，第10号令。——原注

以履行掌玺大臣的职责，掌玺大臣不在时，政府首脑可代替他在法律文书和法令上盖章；暂时停止执行必须征得国会或其他协商机构同意才能加盖公章的法律。由于我希望能消除同盟国对意大利政府忠诚度的怀疑，我在国王签名的法案中，将提及阿尔巴尼亚和埃塞俄比亚主权问题的内容删除了。

这次立法及其后的立法形式采用了1943年7月25日至9月8日在罗马通过的立法形式。在副大臣上任之前，必须颁布一些紧急法令：处理因为在战争中房屋被毁及房屋征用问题而造成的住房短缺危机，保护受到驱逐威胁的房客；保护居住在敌占区或从法律规定上来说属于敌占区的那些人的利益，使总部位于敌占区的公司和企业能够为其分公司、分店和经销处任命管理人或理事。

在副大臣们的积极参与下，政府各部门开始更高效地运行，并有可能通过同盟国驻地中海（Mediterranean）总司令于1943年11月10日成立的盟军管制委员会与同盟国进行更多的合作。

政府的新成员上任后，有权力建立自己的部门。内阁秘书处从民政事务处独立了出来，同时，经历了重重冒险从敌人的防线逃出后，比兰恰先生（Signor Bilancia）作为一名得力干将加入了内阁秘书处。因诺琴蒂先生凭借其无穷的精力成为内阁秘书处的主任。内阁秘书处的职能是等各部门被临时组建起来后，监督它们的运行。来自那不勒斯的著名宪法律师梅杜尼奥先生（Signor Medugno）也加入了内阁秘书处，为内阁秘书处的发展注入了一股强大的力量。内阁秘书处主要是研究和起草必要的法案，行使一般由掌玺大臣行使的控制权，在起草需要用到特别的法律和行政经验的法案时，代表掌印大臣行使职权，和其他部门的办公室展开合作，以弥补国务委员会（Council of State）及其他协商机构职责未曾覆盖的部分。

大臣会议（Council of Ministers）在第一次全体会议上讨论的政策方针表明，[1]尽管内阁认识到自己是由专家组成的，还是毫不犹豫地根据民众的要求承担了推进民主化进程及肃清各政府部门的任务。由于已公布的纲领的执行在某种程度上是继任内阁的工作（虽然标签不同，但在组成上几乎是相同的），为了节省篇幅，我将对1944年2月2日内阁成立后的活动做以下叙述。

在很短的时间内，起草并通过了下列法律：

---

[1]　1943年11月24日的大臣会议通过并发布了以下声明：

大臣会议为响应人们的要求，即恢复复兴时期光荣的自由传统和宪法的实践精神，从法律、政治、行政和道义上制裁那些犯有颠覆国家的罪行的人，制裁那些因违背民族情感、民族愿望、民族利益而造成了如今的军事和政治局势的人，以及那些对20年的独裁统治负有责任的人，将采取以下措施来执行宣言中的政策：

（一）大臣会议宣布，剥夺那些压迫了公共和个人自由的法西斯主义者的政治权利。

（二）大臣会议宣布，从即日起到宣布恢复和平的3个月后，暂时中止非政治性犯罪的诉讼时效。

（三）大臣会议将审查所有由于政治压力而签署的对国家、公共机构和半国有机构有害的合同或做出的妥协。

（四）大臣会议将审查过去20年来所有的立法，使其符合意大利司法传统的原则。修订工作已经付诸实施，废除了死刑、种族法及那些限制家庭权利的法律。

（五）大臣会议宣布，所有在敌人面前表现得懦弱的人，凡参与过自相残杀的斗争、攻击过他人，或者在停战协议发布后还与德国军队或德国当局相勾结的法西斯分子，将遭到军事法庭的审判。

（六）大臣会议将废除法西斯自卫队。

（七）大臣会议取消了出于政治原因的任命和晋升，并将从政府部门中除名所有法西斯自卫队的成员、罗马大游行的参与者、"利托尔头巾"的佩戴者，以及那些侵犯他人个人自由的法西斯官员。

（八）大臣会议将恢复因政治原因而被解雇的公职人员的职务，并审查所有因政治原因而被拒绝晋升的案件。

（九）大臣会议将把所有政治背景不适合再继续在当前形势和战争状态下任职的法西斯分子开除出公职。但这些制裁永远不会用到那些在与我们共同的敌人斗争的过程中，纠正了自己曾经的错误、完成了自我救赎的人身上。——原注为了国家的安全，解散法西斯自卫队。[①]

将那些与前政权有关联的人清除出公共行政部门。[②]

消除法西斯主义者造成的公民之间的不平等，让那些因政治原因而被解雇的人重新从事公共服务，[③]并废除种族立法，从而给予犹太人一切公民、政治和家庭的权利。[④]

与此同时，还详细研究并修订所有因政治原因而影响晋升或降职的公务人员地位的法律，以及修订所有因政治影响而获得的对公共服务有害的特许权和合同。

在此期间，如我之前所说，惩罚了那些对法西斯暴政及国家灾难负有责任的人，并为了国家的利益，通过必要的立法来没收在法西斯政权下获得的非法收入。但这些诉讼引起了棘手的行政和司法问题，也引起了公众的极大兴趣。新闻报道的大肆宣传使这件事变得沸沸扬扬，直到任命了一位负责肃清的高级官员，[⑤]建立了必要的机制，提高了全国的士气。

在这段时间，同盟国看到了意大利想要忠实合作的态度，并看到了意大利的价值。因此，同盟国愿意将南部各省和群岛的管辖权交给意大利。同时，将政府转移到萨莱诺的决定得到了盟军管制委员会的支持。盟军管制委员会还接受了我的提议，即将萨莱诺也移交给意大利管理。如果

---

① 1943年12月6日，第16号令。——原注

② 1943年12月28日，第29B号令。——原注

③ 1944年1月6日，第9号令，同时也出现在1944年4月12日颁布的第101号令的附件中。——原注

④ 1944年1月20日，第25、26号令。——原注

⑤ 1944年4月13日，第1号令。——原注

政府所在地不在意大利的管辖范围，将会严重影响政府的威信。

尽管资源匮乏，但我们还是有条不紊地完成了交接工作，同时正常的政府工作也没有受到任何干扰。这次成功的交接带来了很多的好处，比如一个更好的管理领土的中心，以及更好的中央行政机构。在前期不可能把所有的部门都集中到布林迪西；甚至有些部门人员在萨莱诺也找不到住处，因为萨莱诺的大部分建筑已经被战争摧毁了，而存留的建筑物又大多被同盟国征用。① 在布林迪西，就像在萨莱诺和其他设立了政府部门的城市一样，地方当局和居民都非常热情好客，帮忙解决了一些小而烦琐的难题，并维持了公共秩序，从而减轻了政府的负担。

新组建起来的政府的首要目标，就是执行那些已经载入法律的协定，即接管解放了的各个省份。其中第一条协定②规定，意大利政府自1944年2月2日0点起，除潘泰莱里亚、兰佩杜萨（Lampedusa）、利诺萨外，在萨莱诺、波坦察和巴里北部边界以南的领土，以及西西里岛及邻近岛屿上，恢复行使国家的一切权力。第二条协定③规定了这些领土的法律制度，规定从同日起，盟军军事行政当局的法令不再有效，同时我们政府以前采取的一切行动均合法。第三条协定④规定，稳定工人工资，规定了各种产业及服务的最高价格，授权政府首脑发布与生产有关的相关条例，财政大臣有权没收和管理由法西斯利益集团直接或间接控制的产业和公司，也有权没收和管理由被监禁的人或拥有敌国国籍的人

① 战争部（Ministry of War）、海军部、航空部、工业部，以及商船部的副大臣和铁路部的副大臣都无法在萨莱诺找到住处，他们分别住在莱切、塔兰托、巴里、滨海维耶特和那不勒斯。——原注
② 1944年1月，第30号令。——原注
③ 1944年1月，第31号令。——原注
④ 1944年1月，第32号令。——原注

控制的产业和公司。

后来，经过艰辛的谈判，很多协定都有了被进一步改进的可能，特别是这一协定：盟国军事当局有权根据意大利的法律，审判在解放区被控对盟国军事当局或联合国（United Nations）官员和代表有敌对行为或犯有罪行的人。不久之后，我们成功恢复了意大利法院对此类案件的审理权。当然，如果同盟国坚持要审理此类案件的话，同盟国代管法院还留有对这些案件的审理权。[①]

所有为争取给工人及雇员修改工资标准的努力都白费了。政府充分认识到了这一后果的严重性，无法表达任何实质性的同情。

恢复民主制的一个步骤就是在不同的地方重新设立市长办公室和省议会主席（President of the Provincial Council）办公室，分别由市议会（City Council）和省议会（Provincial Council）协助，并为省行政委员会（Provincial Administrative Committee）选举议员（前议员除外）。

这样开始了执行第一届大臣会议制订的计划。即使在不可能颁布法律的情况下，起草的法案对历届内阁也具有突出的价值，并构成了后来立法的基础。国家内部的巩固在国际领域产生了重要的影响，履行职责的意识回报了政府成员为国家服务所付出的劳动，同时让每个人都相信意大利人民恢复自由和正义的决心。

与此同时，一些具有历史意义的重大事件即将发生。

一旦联合政党的消极抵抗停止，他们准备为重建自己的国家，贡献忠诚的力量，第一个民主集中内阁（Ministry of Democratic Concentration）就成立了。新组建起来的内阁也开始将自己的计划付诸实践。

---

① 1944年4月4日，第111号令。——原注

新组建起来的内阁先完成了之前内阁遗留下来的工作，通过了制裁犯罪分子及没收法西斯分子非法所得的法律。[①]这项法律，加上之前肃清公共服务人员中法西斯分子的法律（联合政府起草了，但没有实施），以及国家颁布的要没收非法盈利的法律，共同构成了博诺米政府制裁法西斯主义的法律基础。[②]

为了强调内阁的民主性，"政府首脑"的头衔在这一时期改为了"大臣会议主席"（President of the Council of Ministers），以符合意大利自由主义的传统。[③]

由于设立了一个监管国家议会的部门，政府的工作、预算案[④]及筹备召开协商会议以填补没有议会而留下空白的做法，都获得了法律上的批准。然而，新的政治局势的发展，使这些措施无法付诸实践。

农业大臣（The Minister of Agriculture）和盟军管制委员会达成协议，并得到了大臣会议的批准，创建"人民粮仓"并监管其运作。由于同盟国对工资和薪水的严格控制，工人阶级和有固定收入的阶级处境艰难，因此有必要确保最低限度的口粮标准，而不是被迫从盟国进口粮食。

最后，由于其政治的重要性，我必须提及一项法律，该法律禁止皇家宪兵队接纳法西斯自卫队中那些不受欢迎的人，尽管这些人曾经只是在驻守公路和港口的部队里服役。

如果不叙述我还没有提到的其余立法活动，就无法全面了解政府在

---

① 1944年5月26日，第134号令。——原注

② 1944年5月26日，第134号令。——原注

③ 1944年7月27日，罗戈特南兹立法宣言（Decrito legislativo Luogotenenz），第159号令。——原注

④ 1944年5月29日，第141号令。——原注

我国这一悲惨时期所做的工作。因此，我将对此进行总结，以纪念那些为之奉献和付出的人。

与政府部门、公共机构和法律机构的组织及运行相关的法律，是政策变化带来的重大改革的前奏；而其他法律的目的则是消除阻碍发展行政机构的困难。

以下几点也需提及：

取缔关于压缩战时生产部、货币兑换部和大众文化部的法律。

法律规定，战时，交通部的商船暂时转移至海军部。[①]

法律规定，暂时将不能履行职权的合议制机构或个人的权力和职能移交给各部大臣或副大臣。

对公共机构管理来说，必备的协议甚至抹去了曾经仇恨的痕迹，比如把"墨索里尼公社"的名字改为了"阿尔博卡公社"。[②]

正如我之前说的那样，政府为行政权力下放做了很多努力，比如任命了管理撒丁岛[③]和西西里岛的高级官员，设立了特别协商委员会以协助他们，并授权他们维持秩序及协调地方政府。

与社会福利相关的另外两个问题也有待解决：战俘问题和难民与日

---

① 1943年9月1日，第48号令。——原注

② 1944年2月17日，第68号令。——原注

③ 1944年1月24日研究数据备案文件，也包含在1944年3月16日研究数据备案第96号令中。——原注

俱增的问题。政府任命了一位高级官员和一名工作人员，着手去解决与意大利战俘和被拘留者的地位、待遇、就业、遣返及精神和物质状况相关的问题。[①]内政部设立了一个专门的部门来处理难民问题。但很快就发现，一个部门并不足以解决问题，于是又设立了一个拥有特殊权力的新部门，并为该部门任命了一位高级专员及相关工作人员。[②]

政府机关和公共机构工作人员的薪金在同盟国规定的限度内增加了70%，并按照工作年限发放奖金。[③]军事先锋团（Pioneer Corps）和战斗部队的工资也都有了提高。

为了使解放区所有公职人员继续履职，释放了扣押在武装部队的所有公职人员，并要求那些擅离职守的人向距离最近的地方行政长官汇报，否则他们将被解除职务。[④]由于人员短缺和政府日益增加的工作量，退休的公职人员被召回[⑤]，其余的人员在各部门中轮换工作。[⑥]

必须修改关于扣押、抵押和冻结国家支付的津贴、工资和养恤金的条例，因缺乏高级官员，而暂停行政理事会、纪律委员会和处理各部工作人员事务的各委员会的职能。

为神职人员及那些工资受集体合同控制的雇员，通过了类似政府官

---

① 1944年4月6日，第107号令。——原注

② 1944年5月29日，第137号令。——原注

③ 1943年12月6日，第8B号令，与工资相关；1944年5月9日，第131号令，与奖金相关；1944年4月13日，第85号令，与养老金相关；1944年1月13日，第12号令，增加空军服役人员工资；1944年3月23日，第3号令，增加服役人员工资。——原注

④ 1944年1月3日研究数据备案文件，也包含在1944年6月8日研究数据备案第148号令中。——原注

⑤ 由1944年1月31日第34号令授权。——原注

⑥ 由1944年1月31日第55号令授权。——原注

员薪金管理的命令。[①]

经济立法在形势的迫使下执行的效果很好。

为了在重建工作中给予企业必要的信心，国家为参与重建工作的工业公司预付款提供了适当的担保，给予免税待遇，甚至帮其处理了抵押、扣押和善后费等问题[②]。其他的法律则涉及国库贷款、股票和其他金融业务交易的利息支付问题，这些交易由于战争而无法执行，法律规定可以延期处理。[③]

法律终止了向不同职业阶层征收用于罗马世界博览会和支持法西斯党的捐款。[④]

提高了垄断商品的价格及香烟的进口税；通过了一项修改1943年协定规定的一般进口税的法令，并取消了对酒和酒精的禁令，以充实国库。

法律是为展开司法工作而制定的，因此须在政府所在地设立临时法院。此类临时法院由两部分组成，最高撤诉法院和在卢切拉设立的上诉法院，同时召回退休的法官。还有一些重要的法规，例如确认法令已经发布的法规，暂停正在进行的司法审判的法规，暂停诉讼时效的法规。另外一个法规，是为由于战争而未能按照正常法律途径结婚的民事和宗教婚礼提供便利。

对有关在民事法庭等待审判的囚犯，即那些被控危害秩序或公共安

---

① 1943年12月7日第238号令。——原注

② 1943年12月6日，第19B号令。——原注

③ 详见1943年12月6日第19 B号令和1943年12月6日第20B号令，在1944年4月6日第115号令和适用范围扩大到归还给意大利政府的领土。——原注

④ 1944年4月8日，第100号令。——原注

全的囚犯的法律进行了修订，最大限度地为个人的自由提供了保障。[①]
但因为战争，上诉法院无法履行其职责，所以那些在等待案件审理的相关个人被暂时释放。[②]规定了法院有权对货物进行扣押或供应短缺的货物的法。[③]

为庆祝南部各省及西西里岛重新纳入意大利的管辖范围，对违反民事和军事法规及违反食品法的人进行了大赦。[④]

法律职业的权益并没有被忽视，比如设立了检察官特别考试，取消公证人的年龄限制，保护在被占领区从事律师职业的律师。

许多法律都涉及军队的管理问题。[⑤]其中改组皇家宪兵[⑥]的一项措施，由于其政治和纪律重要性，而必须提及；另一项规定是，向1943年9月8日以后到达解放区并报请服役的文职和军事人员，颁发行为良好奖章。[⑦]

在公共教育领域，有一条特别重要的法律，禁止在大学里使用讲授法西斯意识形态的书籍；[⑧]另一法律重新确立了妇女在学校教授某些科

---

① 1944年1月20日，第45号令。——原注

② 1944年1月20日，第42号令。——原注

③ 1944年1月20日，第44号令。——原注

④ 详见1944年4月5日第96号令，也可参考1944年4月8日第99号令。修改《人民刑事诉讼法》（CPP）第593条和第595条，允许对所有案件进行宽大处理。——原注

⑤ 1943年11月18日，第10B号令。设立"陆军检察长（Inspectorate General of the Army）"1944年1月3日，第7号令。对在战争期间处理军队军官晋升问题的委员会做出调整；1944年1月17日第73号令。对在战争期间处理空军军官晋升问题的委员会做出调整；1944年3月2日，第79号令。对在战争期间处理海军军官晋升问题的委员会做出调整。——原注

⑥ 1944年1月3日，第5号令和1944年1月3日，第6号令。——原注

⑦ 1944年1月27日，第54号令。——原注

⑧ 1944年1月27日，第58号令。——原注

目或担任某些职位的平等权利。学校采取了措施来弥补教师的不足，并为学生做出了相应安排，确保他们的学习不会受到不可避免的影响而中断。①

公共工程和通信方面不需要新的立法，但政府可以为其在重建公共服务方面所取得的成就感到自豪。政府尽了一切努力使各种机动车辆保持良好的工作状态，②组织汽油的分配，并通过控制使用中的车辆的数量来限制消费。③

1943年9月至1944年6月，各部门所做工作最清楚的情况，或许可以从他们所采取的措施和发出的指示清单中看到：除了发布了部门指示和通函，还有160多项立法法令，17项法令，39项现实法令，50项总统法令，49项部级规范法令。本清单不包括在此期间制定并由后来的内阁所实施的法律。

由于资源短缺，并且工作人员又几乎没有受过任何训练，因此要求政府组织一个有效的中央行政机构。如果想为民众提供能过上正常生活的手段，这是必不可少的，至少也要让民众能够摆脱战争状态下的生活及其带来的可怕后果。在政治领域，必须消灭法西斯主义，并且民主形式的政府必须重新建立起来。

---

① 1944年1月27日，第57号令，关于教授的调动问题；1944年3月16日，第114号令，让达到75岁退休年龄的教授继续留校任教；1944年1月27日，第47号令，规定允许学生从一所大学或学院转学到另一所大学；1944年1月27日，第48号令，1944年1月27日，第60号令，在巴里大学分别设立1943—1944学年的特别考试和教学课程；1944年3月9日，第149号令，在萨莱诺设立一所教师培训学院；1944年1月27日，第49号令，对某些学校学费的免除规定延长至1944年。——原注

② 1944年3月10日，第83号令和1944年4月5日，第105号令。——原注

③ 详见1944年4月6日第106号令，1944年5月5日第133号令及1944年5月9日的143号令。授权民用工程处处长开展紧急工作，耗费高达200 000里拉。——原注

内阁为达到这些目的而不懈努力，结果表明它的努力没有白费。有些事情没有完成，并不是缺乏想要完成它们的意愿，而是因为缺乏时间，而其他人可以在我们已经奠定的基础上继续完成我们未曾完成的大业。

每个承担了自己那份责任的人都可以为自己感到骄傲，因为他为国家未来的繁荣做出了自己的贡献。